会展策划与管理专业系列教材

蓝天 主编

会展营销

HUIZHAN YINGXIAO

包小忠 编

中山大学出版社
·广州·

版权所有　翻印必究

图书在版编目（CIP）数据

会展营销/包小忠编 . —广州：中山大学出版社，2012.2
会展策划与管理专业系列教材/蓝天主编
ISBN 978 - 7 - 306 - 04113 - 5

Ⅰ. ①会… Ⅱ. ①包… Ⅲ. ①展览会—市场营销学—高等学校—教材 Ⅳ. ①G245

中国版本图书馆 CIP 数据核字（2012）第 017022 号

出版人：祁　军
策划编辑：张海昕
责任编辑：赵丽华
封面设计：曾　斌
责任校对：张礼凤
责任技编：何雅涛
出版发行：中山大学出版社
电　　话：编辑部 020 - 84111996，84113349，84111997，84110779
　　　　　发行部 020 - 84111998，84111981，84111160
地　　址：广州市新港西路 135 号
邮　　编：510275　　　传　真：020 - 84036565
网　　址：http://www.zsup.com.cn　　E-mail：zdcbs@mail.sysu.edu.cn
印　刷　者：广东省农垦总局印刷厂
规　　格：787mm×1092mm　1/16　10.75 印张　261 千字
版次印次：2012 年 2 月第 1 版　2017 年 8 月第 5 次印刷
印　　数：5001~6000 册　　定　价：25.00 元

如发现本书因印装质量影响阅读，请与出版社发行部联系调换

"会展策划与管理专业系列教材"编委会

总 顾 问：梁 文
编委会主任：蓝 天
编委会委员：张生军　彭伟强　包小忠　杨翠友　欧阳杰
　　　　　　李 东　刘兴晖　杨志国　张茂伟

序　言

近年来，我国会展业蓬勃发展，会展活动在带动相关行业发展、扩大城市就业、提高城市知名度、推动内外贸发展等方面发挥了巨大作用。会展业是会议业和展览业的总称，是一个新兴的服务行业，影响面广，关联度高。

随着经济全球化程度的日益加深，会展业已发展成为新兴的现代服务贸易型产业，成为衡量一个城市国际化程度和经济发展水平的重要标准之一。2004年世界大型会展总数超过15万个，其中国际会议有7万多个，国际展览超过8万个，全球会展业直接经济收益高达2 800亿美元，为世界经济带来的增长总额超过2.5万亿美元。从20世纪80年代以来，我国会展业经历了从无到有、从小到大的过程，以年均近20%的速度递增，行业经济效益逐年攀升，场馆建设日臻完善，已成为国民经济的助推器和新亮点。全国以北京、上海、广州为一级会展中心城市，初步形成了三大会展经济产业带，即包括北京、天津、烟台、廊坊等地的环渤海会展经济带，以上海为龙头、沿江沿海为两翼的长江三角洲会展经济带，以广交会和高交会为龙头的珠江三角洲会展经济带。随着会展业市场化程度的提高，会展城市内部场馆之间、会展城市之间的竞争日益明显。

截止到2009年末，中国国内具有一定规模（2 000平方米以上）的会展项目数接近4 300个，全国1万平方米以上的展会数1 344个；出国会展项目申请数接近2 000个；全国会展场馆数达到316个，展馆的室内总净展出面积接近500万平方米，其中有145个展馆拥有5 000平方米以上机动净展出面积，全年展览业收入突破150亿元。我国会展业的发展涉及工业、农业、商贸等诸多产业，对结构调整、开拓市场、促进消费、加强合作交流、扩大产品出口、推动经济快速持续健康发展等发挥了重要作用，在城市建设、精神文明建设、和谐社会构建中显示出其特殊的地位和作用，并日益显现出来。

虽然我国会展业取得了显著成绩，但仍存在一些问题。如今，数量扩张是会展业主要的发展方式，在总体上经营方式仍为粗放型，会展业结构不尽合理，有特色的展会少、品牌少，行业创新能力总体不足，产业链的科学化、合理化、专业化水平仍不高，有竞争力的会展企业发育不足，会展业的专业人才培养尚欠缺，会展秩序仍待规范，会展管理体制改革任务仍很艰巨等。其中，会展业专业人才的匮乏是核心的问题。一个产业的形成与发展，离不开人才的支撑，我国会展业真正形成规模、形成产业仅仅不到十年的时间，专业人才的培养更是滞后。目前，国内从事会展业的人员绝大多数是从相关专业转行而来，国内高校开设"会展策划与管理"专业的时间也很短。从目前高校开设会展专业的情况来看，多在工商管理、旅游、商贸等系部举办会展专业，授课教师大多没有从业经验，所使用的教材也多注重阐述从国外引进的理论，对我国会展业的实际工作缺少指导意义。

为了提高会展策划与管理专业的教学水平，满足师生教学学习的需要，在中山大学出版社的大力支持下，我们会同行业协会、高校、会展业内人士组织编写了"会展策划与管理专业教材"丛书，本丛书包括《会展概论》《会展策划实务》《会展展示设计》《会展营销》《会展综合管理》《会展英语》等，其内容基本涵盖会展理论基础、会展策划与管理、展示设计等方面，既形成系列，各册又相对独立；既可作为高校会展专业教学的教材，也可作为行业人员培训的参考书。

这套教材的参编者绝大多数都是具有会展工作实践经验和丰富教学经验的双师型教师，编写中，他们将自己多年来积累的经验和资料有机地融入教材，理论和实践相结合，深入浅出，力求学习者能够对会展策划、营销、经营管理等方面的知识有较深刻的理解和把握，以达到培养高素质、复合型会展人才的目的。

教材的编写得到了国内著名的会展专家、中国会展经济研究会副会长、中山博览中心董事长梁文先生的指导和帮助，同时，也得到广东省贸促会的支持，在此，向他们辛勤的付出表示衷心的感谢。

蓝 天

2012年1月于广州

目 录

第一章 会展业及会展市场 1
  第一节 会展及其发展概况 1
    一、会展的概念 1
    二、海外会展业发展概况 1
    三、国内会展业发展概况 7
  第二节 会展的功能 11
    一、会展业促进宏观经济和社会发展的功能 11
    二、会展业促进微观经济发展的功能 12
  第三节 会展的分类 14
    一、会议的分类 14
    二、展览的基本种类 17
  第四节 会展的参与主体 20
    一、会展的组织者 20
    二、会展的与会者 22
  第五节 发展会展业的条件 25

第二章 市场营销与会展 28
  第一节 市场营销 28
    一、市场营销的定义 28
    二、营销学的研究对象及特点 30
    三、营销学的研究内容 31
  第二节 会展营销的意义 32
  第三节 会展营销的特征 34
    一、会展营销的行业特征 34
    二、会展营销的要素组合 36
  第四节 会展营销的目标和任务 37
    一、会展营销的目标 37
    二、会展营销的任务 38
  第五节 会展营销所应遵循的原则 39

第三章 会展营销计划与控制 ·················· 41
第一节 制订会展营销计划 ·················· 41
一、会展营销计划的特点 ·················· 41
二、会展营销计划的内容及流程 ·················· 42
三、会展营销计划的组织实施 ·················· 44
第二节 实施会展营销控制 ·················· 47
一、营销控制的必要性 ·················· 47
二、营销控制程序 ·················· 47
三、会展营销进度控制 ·················· 49
四、会展营销绩效衡量 ·················· 51

第四章 会展环境信息调研 ·················· 53
第一节 会展环境信息的含义及调研的重要性 ·················· 53
一、会展环境信息的含义 ·················· 53
二、会展环境信息调研的重要性 ·················· 53
第二节 会展环境信息的构成 ·················· 55
一、外部社会环境信息 ·················· 55
二、外部经济环境信息 ·················· 59
三、外部利益相关者信息 ·················· 61
四、会展企业自身的信息 ·················· 64
第三节 会展环境信息的获取方式 ·················· 65
一、案头调研法 ·················· 65
二、询问法 ·················· 66
三、问卷调查法 ·················· 67
四、抽样法 ·················· 76
五、情境推演法 ·················· 77
六、德尔菲法 ·················· 78
七、观察法 ·················· 78
八、实验法 ·················· 79
九、其他方法 ·················· 79
十、会展市场营销定量预测技术 ·················· 79

第五章 会展市场细分及目标市场定位 ·················· 83
第一节 会展市场细分的概念及细分的意义 ·················· 83
一、会展市场细分的概念 ·················· 83
二、会展市场细分的意义 ·················· 84
第二节 市场细分的步骤和原则 ·················· 85
一、会展市场细分的步骤 ·················· 85
二、有效细分市场的原则 ·················· 86

第三节　会展市场细分的方法和标准 …………………………… 87
　　　　一、会展市场细分的方法 ………………………………………… 87
　　　　二、细分会展市场的具体标准 …………………………………… 90
　　第四节　目标市场选择及会展市场定位 ………………………… 92
　　　　一、市场定位的含义 ……………………………………………… 92
　　　　二、市场定位策略 ………………………………………………… 94

第六章　会展服务定价方法与技巧 …………………………………… 96
　　第一节　会展服务的价格体系 …………………………………… 96
　　　　一、会议场地及展位价格 ………………………………………… 96
　　　　二、广告价格 ……………………………………………………… 97
　　　　三、入场券价格 …………………………………………………… 98
　　第二节　影响展位价格的因素 …………………………………… 99
　　　　一、内部因素 ……………………………………………………… 99
　　　　二、外部因素 ……………………………………………………… 100
　　第三节　展位定价方法 …………………………………………… 102
　　　　一、盈亏平衡导向定价法 ………………………………………… 102
　　　　二、成本导向定价法 ……………………………………………… 103
　　　　三、需求导向定价法 ……………………………………………… 104
　　　　四、竞争导向定价法 ……………………………………………… 104
　　　　五、投标导向定价法 ……………………………………………… 105
　　第四节　差别定价和折扣定价技巧 ……………………………… 106
　　　　一、差别定价技巧 ………………………………………………… 106
　　　　二、折扣定价技巧 ………………………………………………… 108
　　第五节　执行会展价格策略时应注意的问题 …………………… 110

第七章　会展营销的分销与促销 ……………………………………… 112
　　第一节　会展营销渠道的类型及特点 …………………………… 112
　　　　一、会展营销渠道的类型 ………………………………………… 112
　　　　二、会展营销渠道的特点 ………………………………………… 114
　　第二节　会展营销的分销 ………………………………………… 115
　　　　一、选择分销代理商应遵循的原则 ……………………………… 116
　　　　二、代理协议的内容与格式 ……………………………………… 116
　　第三节　会展促销的功能 ………………………………………… 118
　　第四节　会展促销方式 …………………………………………… 119
　　　　一、人员促销 ……………………………………………………… 119
　　　　二、直接邮寄 ……………………………………………………… 121
　　　　三、广告宣传 ……………………………………………………… 122
　　　　四、营业推广 ……………………………………………………… 127

五、公共关系促销 ………………………………………………… 127
　　六、合作促销 ……………………………………………………… 131
　　七、网络促销 ……………………………………………………… 133
 第五节　各种会展促销方式的组合 ………………………………… 136

第八章　国际市场会展营销 ……………………………………… 138
 第一节　经济全球化给会展企业带来的机遇和挑战 ……………… 138
　　一、会展企业面临的机遇 ………………………………………… 138
　　二、会展企业面临的挑战 ………………………………………… 139
 第二节　会展的国际营销过程 ……………………………………… 140
　　一、分析国际营销机会 …………………………………………… 140
　　二、确定国际目标市场 …………………………………………… 141
　　三、设计国际营销战略和方案 …………………………………… 141
　　四、国际营销的管理 ……………………………………………… 142
 第三节　会展企业介入国际营销的程度及注意事项 ……………… 143
　　一、介入国际营销的程度 ………………………………………… 143
　　二、介入国际营销的注意事项 …………………………………… 144

第九章　海外会展业的经验借鉴 ………………………………… 146
 第一节　海外会展业的整体营销 …………………………………… 146
　　一、政府组织会展目的地整体营销 ……………………………… 146
　　二、成立专业性组织 ……………………………………………… 151
　　三、充分发挥国际性组织的作用 ………………………………… 152
 第二节　海外会展企业的营销战略 ………………………………… 153
　　一、全球化战略 …………………………………………………… 153
　　二、持续性战略 …………………………………………………… 154
　　三、品牌化战略 …………………………………………………… 155
　　四、网络化战略 …………………………………………………… 155
　　五、多样化战略 …………………………………………………… 156

参考文献 ……………………………………………………………… 158

后　　记 ……………………………………………………………… 160

第一章 会展业及会展市场

第一节 会展及其发展概况

一、会展的概念

所谓会展，是指在一定时间、空间内为达到预期目的，有组织地将许多人和物聚在一起，而形成的具有物质交换、精神交流、信息传递等功能的社会活动。

具体而言，会展活动包括会议和展览两个基本组成部分。会议是指人们在一定时间和空间内聚集起来，为了达到一定目的，围绕一个共同的主题所进行的思想和信息交流或洽谈、商讨、建立关系的活动。展览是指具有一定规模和相对固定举办日期，以展示组织形象或产品为主要形式，以促成参展商与贸易观众间的交流洽谈为最终目的的中介性活动。西方人一般称会展业为会议与展览业，在一定程度上将会议（convention and conference）和展览（exhibition）区分开。然而，当今的会展业中的会议与展览两部分是不能截然分开的，二者相互包含、融为一体，"展中有会，会中有展"的现象非常普遍。

而所谓的会展业，主要是指这样一种行业——它以会展设施为依托，利用各种会展资源，通过专业化的运作主体进行市场化运作，为社会策划、组织各种类型的会议和展览，或提供场地及配套设施，以及其他各项服务，由此来获取经济收入。会展业的经营活动还能够为社会带来可观的效益，譬如提高居民素质、提升城市形象、推动国际进程、引导技术创新，等等。目前，在各个发达的经济体中，会展业已经发展成为国民经济中一个十分重要的门类。

二、海外会展业发展概况

人类的贸易起源于物物交换，这是一种原始的、偶然的交易，其形式包含了展览的基本原理，即通过展示商品来达到交换的目的，这是展销的原始阶段。随着社会和经济的发展，交换的规模和范围不断扩大，次数不断增加，作为会展业前身的集市开始出现。欧美会展业普遍认为会展起源于集市，在英文中，集市和博览会统称为"fair"。

历史上，欧洲的展览会是从中世纪的"周市"（Weekly Market Place）发展而来的。所谓"周市"，是指每周举办一次的集市贸易，如古罗马的鱼市、米市、油市等，都是专门以买卖双方的交易活动作为办展的目标,因而欧洲的展览会一直具有很强的贸易性。有关发源地的记载显示,早在公元710年,法国北部的圣丹尼省就举办了一个大型的展览会,参展商多达700家。在中世纪,欧洲又出现了特许集市,主要是在宗教节日等举行的有季节性的集市,进行零售、批发甚至国际贸易、文化娱乐等,由城市或地方长官,甚至是国王或教皇授予举办权。一些伯爵领地的展示和贸易活动还成了欧洲重要的跨地区集市贸易活动。为了吸引更多的参展商和来访者参与集市贸易活动,当地政府甚至为他们提供在参与集市贸易期间减免税务、保护人身和财产等特权,也规定了有关集市管理的法规,如英国当时的法律规定,每个臣民从家步行到集市不得超过1/3天时间;若两个集市有冲突,成立时间长的集市享有优先权,成立短的必须搬至距前者20英里之外的地方等。到了中世纪晚期,欧洲已经形成了发达的集市贸易网,由过去只是个别地区举行集市贸易发展到由更多城市季节性地承办。公元11世纪时,德国的法兰克福已成为一个重要的城市。它于1240年获得当时皇室的批准,每年举办一届秋季国际博览会。

17世纪的英国工业革命和后来发生的比利时、德国、法国的产业革命,推动了世界科技的迅猛发展,特别是通讯和运输工具的使用,促进了欧洲经济的高速增长。在此背景下,欧洲出现了工业展览会。工业展览会有着工业社会的特征,从货物交易变为了样品交易,参展商只需带样品来参展,拿着订单回去。工业展览会不仅有着严密的组织体系,而且将展览的规模从地方扩大到国家,并最终扩大到世界。这种样品展览会的模式大大地降低了参展商参展的成本,减轻了参展商参展的劳苦,促进了会展业的进一步发展。

1851年5月,英国伦敦举办了世界规模的"万国工业大展览会"(The Great Exhibition of Industries of the Industries of All Nations),展出面积达10万平方米,参展商来自世界40多个国家和地区共1.7万多家,展出产品约10万件,展览时间为141天,观众人数超过600万人次。这次展览会便是后来世界博览会的前身,它以促进国家间的贸易和合作为宗旨,以实现全球资源和市场共享为目的,被西方展览界视为第一次世界博览会。1851年的这次博览会,标志着旧贸易集市向标准的国际展览会与博览会过渡;1895年莱比锡第一届国际样品博览会,则满足了当时资本主义生产方式和市场交易的需要。

1928年11月22日,由法国等31个国家和地区在巴黎共同签署了《1928年国际展览会巴黎公约》,这是世界上第一个关于举办国际会展的公约。该公约规定了国际性展览会即现在的世界博览会的具体举办周期,以及举办者和参展者的权利与义务。同时,成立了目前总部设在巴黎的国际展览局(BIE),宗旨是通过举办世界博览会来促进世界各国的经济、文化和技术的交流与发展,其常务办事机构是秘书处,秘书长为该处的最高领导,负责具体领导和协调整个国际展览事务。随着博览会影响的日益扩大,国际展览局在国际会展业中的地位和作用日益凸显。

国际展览业的发展形成了对经济全球化的强大推动力。19世纪末至第一次世界大战前,展览会与博览会成为发达国家争夺世界市场的场所,为世界经济复苏注入勃勃生机。第二次世界大战结束不久,一批因战争停办的展览会和博览会重焕生机,例如世界著名的米兰博览会、莱比锡博览会、巴黎博览会,后被誉为连接各国贸易的三大桥梁。

值得一提的是莱比锡博览会在冷战期间为沟通东西方贸易联系所起到的重要作用：在前民主德国每年与西方国家达成的贸易额中，有三分之一是在莱比锡博览会上达成的。此外，原东欧社会主义国家也常常邀请西方国家商人到莱比锡博览会洽谈业务，签订合同，因此莱比锡博览会被誉为"通往东欧国际贸易市场的门槛"。

经过几个世纪的发展，特别是近一百多年来的开拓、积累，欧洲会展业终于具备了规模最大、整体实力最强、专业化操作最娴熟、国际化程度最高、交易功能最显著等特征。从世界上举办大型会议、展览最多的场馆分布来看，绝大多数都集中在欧洲。全世界约300个最知名的、展出面积在3万平方米以上的专业贸易展览会中，约六成都是在欧洲举办的。德国、意大利、法国、英国都是世界级的会展业大国。其中，德国所占据的世界会展份额最大，汉诺威、科隆、莱比锡、法兰克福、慕尼黑、杜塞尔多夫、柏林等城市都是世界闻名的会展城市，汉诺威、法兰克福、慕尼黑、杜塞尔多夫四个城市的会展经济总量甚至占德国的80%以上。它们都把会展业作为支柱产业加以扶持，出台了一系列鼓励措施和优惠政策吸引参展商和观众，参展商中来自国外的比例平均达到48%，专业观众中来自国外的比例平均达到25%。在法国，巴黎每年举办的大中型国际会议也有300多个，占法国会展经济的50%以上。

由于历史的原因，美国和加拿大成为世界会展经济的后起之秀，但现在的会展经济同样相当发达，每年举办的会展近万个，并形成了自己独特的办展模式和风格。美国的纽约、拉斯维加斯、芝加哥、达拉斯、奥兰多、旧金山、亚特兰大、新奥尔良、波士顿和加拿大的多伦多、温哥华城市都是著名的会展城市。

在亚洲，2000年新加坡市被国际协会联合会评为"世界第五大会展城市"，并连年成为亚洲会展首选的举办城市，平均每年举办的大型会议和展览达3 000多个。另外，中国香港也是亚太地区重要的会展中心之一，被誉为"国际会展之都"。每年在香港举办的大型会议超过400个，来自世界各地的与会代表多达数万人。

案 例

2009年上半年德国会展一览表

地点	展会名称
1月	
科隆	国际糖果及零食展览会
法兰克福/美因河	国际美容美发用品展览会，法兰克福世界博览会，香水香薰、化妆品、护肤品和美发护发用品博览会
卡尔斯鲁厄	国际教育及信息技术商品交易会
杜塞尔多夫	国际广告用品专业展览会
慕尼黑	国际建材展，建筑材料、建筑系统、建筑更新国际贸易展览会
法兰克福/莱茵河	娱乐设施和自动货物机世界专业展览会
法兰克福/莱茵河	法兰克福国际家用及室内纺织品展览会

续表

地点	展会名称
柏林	国际柏林绿色周（食品、农业机械和园艺经济展）
汉诺威	地毯和国际地面铺装展览会
杜塞尔多夫	国际船艇展览会
纽伦堡	国际宾馆、酒店及餐饮业展
科隆	国际家具展
莱比锡	国际环保技术与环保服务专业博览会
莱比锡	环保能源展
埃森	国际植物展览会
法兰克福/美因河	国际圣诞礼品展览会
法兰克福/美因河	国际纸制品世界、办公用品世界展览会
2月	
斯图加特	国际配送、物料搬运和信息流展会
莱比锡	组成部分、配套件、模件和技术国际专业展
慕尼黑	国际轻工及手工艺品博览会
巴特萨而茨乌夫伦	国际家具配件展览会
多特蒙德	国际狩猎渔业专业展览会
杜塞尔多夫	杜塞尔多夫服装服饰展览会
法兰克福/美因河	法兰克福春季消费品博览会
斯图加特	国际教育和培训展览会
科隆	国际糖果原料和机械博览会
慕尼黑	慕尼黑体育用品冬季展——国际品牌体育用品及运动时尚博览会
柏林	国际水果和蔬菜博览会
纽伦堡	纽伦堡国际玩具展览会
埃森	国际能源及水资源展——世界专业展和会议
斯图加特	卷帘、车库门和各种遮阳节能系统世界展览会
纽伦堡	国际有机产品博览会——纯正天然化妆品及高品质个人护理产品专业展
慕尼黑	国际钟表、珠宝首饰、宝石、珍珠及加工设备博览会
3月	
柏林	国际旅游交易会
奥芬巴赫	国际皮革制品夏季时尚

续表

地点	展会名称
杜塞尔多夫	国际化妆品、美甲及足部护理专业展览会
杜塞尔多夫	春季国际鞋展,国际皮革制品展览会
杜塞尔多夫	国际酒类展览会
法兰克福/莱茵河	国际皮料、皮装展览会
法兰克福/莱茵河	专业舞台灯光、音响展——国际大型活动及通讯技术、音像制作和娱乐领域
法兰克福/莱茵河	国际乐器展览会——国际乐器、音乐硬软件、乐谱及附件展览会
汉诺威	信息及通信技术、软件和服务博览会(占据世界领先地位)
科隆	亚太采购交易会(家居、园艺及消费品)
纽伦堡	展览及会议
科隆	食品包装加工机械展览会——食品及饮料技术展
法兰克福/莱茵河	国际卫浴展——国际供暖、制冷、空调、泵类、阀类、卫生洁具、浴室设备博览会
莱比锡	国际图书展览会
纽伦堡	国际狩猎和体育装备、户外用品及配件展览会
汉堡	国际宾馆、餐馆、面包房、甜食店专业展览会
埃森	世界马术万国博览会
纽伦堡	护理、治疗、护理和诊所管理专业展览会及学术会议
科隆	国际牙科展
莱比锡	国际汽车展览会(汽车工业技术、维修车间以及加油站设施)
柏林	国际水务展览会(国际水技术和设备展览会)专业技术交流会
纽伦堡	欧洲涂料展览会——涂料、胶黏剂、密封剂、颜料、填充剂、添加剂、染料、油漆、油墨、涂装设备、实验室设备、测试仪器、环保与安全技术和服务等,同时在展览会期间还将举行多场专业技术交流会
4月	
汉诺威	汉诺威工业博览会(表面处理技术、粉末涂层处理技术)
汉诺威	汉诺威工业博览会(空压制造、空压应用、压缩空气配给、处理及储存、真空系统与元件、真空泵等技术的国际盛会)
汉诺威	齿轮与传动设备、汽车传动系统、轴承、电动机、液压技术与气动技术的国际盛会
汉诺威	世界上规模最大的工业技术博览会
科隆	国际艺术博览会——摩登和时尚的展会

续表

地点	展会名称
萨尔布吕肯	国际萨尔博览会（展品范围：摩托车、摩托车附件、运动服）
汉诺威	电力电工能源展和能源装备展（能源管理、能源技术、能源加工、能源再生、能源分配）
汉诺威	工业自动化展——国际过程控制与生产自动化展览会（工厂自动化、工业建筑自动化）
汉诺威	微系统技术国际展会
汉诺威	微系统技术研究与发展展会
汉诺威	管道技术国际展会
汉诺威	数字化工厂展会
汉诺威	工业零部件与分承包技术展
汉诺威	工业博览会与国际广告用品展览会——工业展览和广告用品展览
卡尔斯鲁厄	国际二手设备博览会——国际二手机器和设备的博览会
辛斯海姆	汽车零配件、电子展
斯图加特	国际质控技术专业博览会
腓德烈斯哈芬	国际航空展览会
科隆	缝制设备与织物加工技术展览会
埃森	国际健身及休闲运动用品博览会
5月	
纽伦堡	全球传感器测试测量展览会
法兰克福/莱茵河	德国贸易展览会——国际营销技术展览会
腓德烈斯哈芬	博登湖汽车改装车展
纽伦堡	电子展——国际电子封装和组装技术设备展览大会，国际微电子系统技术展览会暨学术会议
法兰克福/莱茵河	阿赫玛展——国际化学工程、环境保护及生物工程展
纽伦堡	国际电力电子、智能传动和电能质量博览会（电力电子、智能运动、电能质量、能源管理）
慕尼黑	国际运输博览会（物流、远程信息和交通运输网络）
科隆	国际木工机械及家具配件展（家具生产、木工及室内装饰展览会）
汉诺威	国际木材加工机械展览会
纽伦堡	国际石材展览会——国际石材及加工技术展
慕尼黑	德国音响展

续表

地点	展会名称
6月	
慕尼黑	德国慕尼黑国际太阳能技术博览会（国际太阳能技术展和会议）
慕尼黑	激光、光电技术贸易博览会——国际应用激光、光电技术贸易博览会暨研讨会
柏林	国际演出与媒体技术专业博览会——舞台演出与媒体技术专业博览会
法兰克福/莱茵河	国际产业织物展（技术用纺织品和多层黏合织物的专业展览会）
杜塞尔多夫	国际铸造展览会——国际铸造过程及技术展览会

三、国内会展业发展概况

中国的会展业是在改革开放以后才发展起来的，起步虽晚，但发展却非常快。1982年我国参加了在美国诺克维斯克举行的能源世博会后，声誉日隆；1993年5月3日，中国正式加入了国际展览局，成为第46个成员国。在不到20年的时间内，中国会展业发展突飞猛进。据不完全统计，20世纪90年代以来，我国会展业每年举办的会展场次以近20%的速度递增。1997年全国举办的会展总数为1 063个，首次突破1 000个；1998年为1 262个；1999年为1 326个；2000年为1 684个；2001年为2 000个，2002年为2 400个。根据商务部的调查，早在2005年我国的展览项目数就已经达到3 800个，就展览项目数的国际比较而言，已位居亚洲第一，世界第二，仅次于美国成为一个名副其实的世界"展览大国"。方兴未艾的中国会展业，内容涉及机械、电子、冶金、矿产、石油化工、轻工、纺织、农林等生产性行业，为中外厂商推广品牌、交流技术、洽谈贸易、搜集行情、寻求合作、拓展市场提供了窗口和桥梁，与此同时还拉动了运输、通讯、咨询、住宿、餐饮、服装、保洁、广告、印刷、建筑、安保、旅游、购物等服务性行业。

参展商和观众限于本国毕竟是初级的，于是中国也积极赴海外参展，同时使以中国展览公司为主的海外办展项目也得到了巩固和发展。除了继续一些在发展中国家举办的中国独家展览会以外，中国机电产品进出口商会、中国贸促会等单位已经连续数年在德国纽伦堡和杜塞尔多夫主办了以礼品、消费品、日用品为主的展览会，以卫浴洁具、五金工具为主的展览会和以汽车零配件等为主的展览会等几个专业展览会。中国展览业能够在德国这样的欧洲展览大国举办自己的专业展览会，应当说这是中国会展业逐步发展壮大的一个重要表现。近年来，我国出展的国家主要包括德国、美国、意大利、日本、法国、阿联酋、越南、印度尼西亚、俄罗斯和马来西亚等。

案 例

北京世协国际会展有限公司 2008 年出国展览计划表

国家/地区	展会名称	时间
德国	法兰克福国际礼品及办公用品博览会	1月
	法兰克福国际消费品贸易博览会	2月、7月
	法兰克福亚洲生活精品展	2月
	纽伦堡亚洲消费品、礼品及家庭用品展	7月
	科隆国际体育用品、露营设备及园林生活展	8月
	柏林电子消费品展	9月
美国	芝加哥国际家庭用品博览会	3月
	拉斯维加斯国际礼品及消费品博览会	3月、8月
	纽约国际礼品博览会	2月、8月
	拉斯维加斯国际消费类电子产品展	1月
	芝加哥国际酒店用品博览会	5月
西班牙	巴塞罗那国际礼品及家庭用品展	2月、9月
日本	东京春、秋季国际礼品展	2月、9月
	东京国际酒店用品博览会	3月
中东	迪拜（春、秋季）国际商品展	6月、12月
俄罗斯	莫斯科国际消费品、礼品、纺织品博览会	9月
意大利	米兰亚洲生活精品博览会	1月、9月
波兰	波兰家居用品博览会（新）	5月
英国	伯明翰春、秋季博览会	2月、9月
	伦敦亚洲博览会	2月

注：符合中小企业标准的企业，我公司可协助办理"中小企业国际市场开拓资金"事宜。

服务优势：

住宿：下榻国际知名酒店，设施齐全、环境优美，让您以最佳状态进行商务洽谈。
饮食：参展期间免费送餐到摊位，菜色中西搭配，尊重客户意愿。
交通：展会期间提供豪华巴士及双语导游，往返于展馆与酒店之间。
航班：与国际知名航空公司合作，为客户节省时间。

一、参展服务

提供展前咨询；展位预定；申请邀请函及签证服务（协助展商准备、整理签证所需相关资料，帮助展商预约签证并提供面签信息，指引展商正确填写签证申请表并协助核对，指引展商交纳签证申请费用，提供相关信息，面签前对展商进行一对一培训）；协助进行会刊登录或互联网登录；制订展场整体布置、展位设计与装修方案；提供展具租赁信息；办理进馆证；展后评估总结。

二、观展服务

提供展前咨询；制订最佳观展线路；提供展馆分布信息；预定境外酒店及机票；申请邀请函及签证服务；办理进馆证；制订观展时间表、线路图；豪华巴士接送。

三、代理参展服务

1. 准备好相关展品、展品宣传册、名片等，在规定时间内送至指定地点。

2. 代理参展过程中，为您聘请专业贸易翻译人员，促进贵公司与客户的洽谈与合作。

3. 展后您将获得贵公司在展会现场的展台照片，潜在客户的分析报告，重要客户名单、名片等信息（包括公司名称、联系方式、感兴趣的产品等），与潜在客户的商务交谈纪要等。

四、专业搭建服务

设计参展标准展位；配置多种展具，满足展商不同需求；额外展具租赁，满足展商的更多需求。

我国的会展活动对观众的组织水平较高，观众观展的积极性也很高。尽管专业观众所占比重仍然偏低，会展的直接效果比会展发达国家要差一些，但会展已经成为我国企业推介产品、结识客户、达成订货交易的一个非常重要的载体。此外，我国展会参加者范围广泛，参展企业数、观众总数居世界第二位，加之中国政府主导型展会往往伴以中国内地主流媒体的强势宣传，使展会带有明显的启迪大众、增长知识的宣传教育作用，从而赢得了很好的社会效益。

会展行业是一个规模经济效应明显的产业，即当一个会议或展览达到一定规模时，收益增加的比率要大于生产要素投入的比率。总体来看，我国会展业的历史还比较短，还处在发展的初级阶段，处在探索及积累经验的时期，也存在一些不可忽视的问题，主要表现为"小、散、乱"的现象比较突出。我国组展商数量繁多，大大小小展会也很多，但许多项目的规模都在1万平方米以下，像广交会、科博会这样有规模和国际影响力的精品项目屈指可数。过度竞争使得许多的公司和机构把大部分资金和精力都放在了拉展和拉参展商上，而无暇顾及对展览专业观众的组织和对参展客商的服务，从而导致展览效果大打折扣。目前，我国的展览场馆数量在全世界排在第三位，仅比美国和英国少一些。展览场馆的总面积也居世界前列，但出租率比展览发达国家却低得多。相对于会展项目数而言，我国的会展直接收入也比很多国家都少得多，会展经济总量比不上美国、德国、日本、英国、法国、澳大利亚等国家。会展收入占GDP的比重发达国家一般是在0.1%~0.2%之间，而我国目前这一比重还不足0.08%，这说明我国会展的产业化和市场化程度还较低，我国还不是一个会展强国。

目前，北京、上海、大连等城市明确将会展业纳入重点扶持的都市型产业和新的经济增长点，还有越来越多的省份提出要大力发展会展业。有的城市，如广东省中山市，将会展业与房地产业、旅游业当作未来城市发展的三大支柱产业。但是，中国的会展业实际上主要集中在少数几个省市，而且集中程度相当较高。就城市而言，公认的三大会展城市是北京、上海、广州，三者可进入世界会展中心城市百强；以省份（直辖市）

为单位来看，广东、北京、上海、浙江、江苏居前五位，这也反映了我国会展业主要集中在经济发达省份的现状。尽管如此，全国各地掀起的建设展览场馆的高潮却依然如初，各省会城市和一些中心城市纷纷新建现代化的大型展馆。前些年许多城市建设展馆多从发展会展业着眼，现在还从城市举办各种会展活动的公益角度考虑，把会议、展览场馆作为城市的必要基础设施，而且场馆建设还呈现出面积大和科技含量高的特征。

作为新兴服务业的会展业，能够带动许多相关产业的发展，是21世纪的朝阳产业，有着巨大的发展潜力。我国的会展业发展迅速，也是大有前途的，主要体现在以下几点：

（1）近年来，世界范围内科技发展迅速，产品更新换代速度加快，高新技术的开发与交流以及商品贸易市场的迅速拓展，已经成为许多国家和企业发展的重要目标之一。为此，各国企业都在探索和开拓市场，扩大出口贸易，输出技术和管理的新形式和新机遇。在这种背景下，集商品展示、交易和促进经济合作于一体的各种会议、展览便迅速发展起来，充当了扩大贸易、拓展市场的宣传者、探路者和先行者的角色。中国被认为是世界上最具经济发展潜力的国家之一，市场化进程不断加快，市场容量迅速扩大，客观上形成了极具吸引力的大市场。这些因素都在吸引着各国企业通过适当途径来宣传展示自己的产品，积极拓展中国这个大市场，并谋求与中国在更多领域的合作。

（2）当前，世界上一些发达国家和一些新兴发展中国家的商品市场体系正发生着深刻的变化，客观上要求与之相适应的新型市场交易形式的出现和市场组织形式的创新，其特点是将短期展览和常年商品展示、交易结合在一起，同时利用市场的聚集效应建立商情网络，提供咨询服务等。这种新型市场形式赢得了众多客户，显现出勃勃生机。在我国，这种市场形式在一些大城市已经出现，并初步显示了其综合性、多功能的市场优势，成为会展经济的一种有效载体。

（3）随着中国产业结构的调整和逐步升级，吸取国外先进科学技术和科技成果、推动高新技术产业发展的步伐正在加快。一批大型企业集团建立，加之国家大力实施名牌战略，使国内出现了一批具有国际竞争力的企业和具有较高水平的名牌产品。这些企业的产品不仅需要开拓和占领国内市场，而且期望进入国际市场，并广泛开展国际性的经济技术合作。企业的这种内在需求客观上呼唤着各种会展形式的出现。这些会展形式以国内外著名企业的品牌展示和高新技术产品、项目的交易为重点，形成国内、国际技术的顺畅沟通和交流。通过多种会展形式，企业不仅能够迅速、准确地了解国内外最新产品和发明的现状与发展趋势，同时还可以展示自己的品牌，通过会展提供的信息渠道和网络宣传自己的商品。

（4）中国区域经济的发展以及城市功能的提升和小城镇的兴起，促使各地区和各城市依托各种会议、展览等来努力打造城市品牌和塑造最佳投资区域的形象，并力图通过多种会展形式"搭台"来"唱"贸易洽谈、招商引资、技术合作的"戏"。这使得近年来各种区域性和以城市为特色的博览会、交流会和贸易洽谈会此起彼伏。除传统的广交会、哈洽会之外，近年来的昆明商品交易会、华东商品交易会、深圳高新技术商品交易会和大连服装节等都产生了广泛影响。

（5）目前，随着中国经济的国际影响力持续扩大，外商也越来越看好中国会展业，中外会展企业的合作呈现多层次、全方位态势。美国、德国、英国等会展业发达国家的一些著名公司都在寻找与中国的合作项目,或合作建立企业,或合作办会展,形式多样。另外,对外开放的进一步扩大,不仅带来了新的资金和投入,更重要的是带来了新的经营方式和经营理念,这必将进一步推动我国会展业更好地发展。

第二节 会展的功能

一、会展业促进宏观经济和社会发展的功能

(一) 会展业带动相关行业发展的功能

会展业被誉为"行业发展的风向标",属高赢利行业,投入不大,但产出不小,如数目不菲的门票收入、场地设备租金和服务酬劳等。据国际业内人士计算,会展业的平均利润率大约在20%~25%之间。更重要的是,会展业的产业关联度比较高,根据国内外经验推算,会展业的产业带动比大致在1:5~1:9之间。它可以直接带动运输、通讯、咨询、住宿、餐饮、服装、保洁、广告、印刷、建筑、安保、旅游、购物等相关行业的发展,具有以一业带百业的效应。一个规模大、知名度高的展览会或交易会能为举办地各相关产业带来几万、几十万的客流量和几千万、几个亿的货币收入。例如,香港每年的会展人均消费额约为2 500港元,为度假旅游人均消费额的3倍;新加坡一般游客平均只逗留3.7天,人均消费约700新元,而会议客人则平均逗留7.7天,人均消费在1 700新元左右。

(二) 会展业带动就业的功能

会展业有助于提高城市的就业水平。以会展业发达的德国为例,在汉诺威市第三产业中,会展业的就业人数占到2/3以上,会展业创造出大量的就业岗位。在我国,根据北京市统计局调查,2005年北京市主要从事或专门从事会展活动的就业人员为1.4万人,比上年增长4.2%,增速高于第三产业2.5%。另根据有关部门统计分析结果表明,每1 000平方米的展览面积,可创造100个就业机会。以此推算,北京现有的约20万平方米的展览面积,在充分利用的前提下,可创造约2万多个就业机会。

(三) 会展业促进国际交流的功能

会展兴市是提高城市国际化地位的重要举措。自1851年英国伦敦举办首届世博会以来,各个国际化大都市都一直热衷于举办各种博览会乃至世博会。例如美国纽约举办过3次世博会,法国巴黎举办过6次,日本举办过4次,中国也在2010年成功举办了1次。

通过举办国际会展活动,可以增进国家间、地区间的交流,有利于本地企业充分利用国内和国际两个市场与两种资源,在国际交流中获得比较利益;有利于提高民众的科学文化素质,丰富民众生活;有利于提高本地对国际经贸、科技、信息交往的承载能

力；有利于培育城市精神、引导时尚潮流、提升城市的综合实力和城市知名度。

（四）会展业促进城市发展的功能

对于会展举办城市来说，会展被称为"城市的面包"、"经济的晴雨表"、"助推器"等。会展业的兴盛不仅为这些城市带来了巨额利润，也带来了城市的繁荣，提高了城市在国际上的声誉和地位。美国有一位市长说过："如果在一个城市举办会展活动，就好比一架飞机在该城市上空撒美元。"可见会展活动对于城市发展的重要性。以国际会议为例，瑞士日内瓦每年都举办700多个国际会议，国际会议的收入占其外汇收入的五分之一；法国巴黎每年都要举办400多个国际会议，每年为巴黎带来7亿多美元的经济收入。美国《贸易展览》周刊的统计数据表明，美国一年举办的200多个商业展会所带来的经济效益超过38亿美元。法国博览会和专业展览会每年的营业额可达85亿法郎，展商的交易额高达1 500亿法郎，展商和参观者的间接消费也在250亿法郎左右。值得注意的是，根据统计，类似法国巴黎和中国香港这样的城市，由于会展带动相关产业而带来的税收均占到了城市总税收的60%～70%。

（五）会展业保护生态环境的功能

会展业还可推动社会实现可持续发展。会展的规划和建设会进一步改善城市生态系统，加快城市基础设施建设，还可将城市发展重心由经济转向文化、教育、媒体等精神产品，推动社会早日进入以人为本的发展阶段。

会展业属于第三产业范畴，不仅符合产业发展的一般规律、符合加快第三产业发展的要求，而且产业的发展并不是以牺牲环境质量为代价的，在很多方面都以加强环境保护、创造人与自然和谐相处的环境为目的，有利于环境保护。

（六）会展业升级产业结构的功能

会展业不仅能带动第三产业的发展，还能带动城市优势产业的升级及经济结构的优化和调整，能大大促进当地产业结构的高级化，提升城市的国内和国际形象。

二、会展业促进微观经济发展的功能

（一）会展对参展商发挥的功能

会展在传统营销理论中只是营业推广的手段之一，但同时还具备其他营销沟通工具的共同属性，譬如能够利用展会有针对性地将商业信息发送给目标观众，发挥广告的功能；能够利用展会刺激顾客的购买欲，发挥促销的功能；能够利用展会与目标观众互动，获得来自观众的即时反应，发挥直销的功能；等等。随着市场竞争日益激烈，产品市场细分加快，人们对会展重要性的认识越来越深刻，会展作为企业之间的一个有效的商务平台，并不仅仅是为企业提供了一个直接销售产品的场合，更重要的是为企业的新产品宣传推广、融洽与客户的关系，尤其是维持与老客户的关系、接触更多的潜在客户和行业人士乃至认识实力强大的买家、宣传企业形象以提升产品品牌价值、进行实地调研以搜集市场信息、找到新的市场营销思路等提供了桥梁和舞台。就会展对参展商发挥的具体功能而言，大致有以下几个方面：

（1）会展是生产商、批发商和分销商进行交流、沟通和交易的汇聚点。诸如交易会、订货会、贸易洽谈会、投资项目洽谈会等的直接目的就是促进贸易或增加投资项目，促成现场成交、洽谈订货、签订投资合同及意向。博览会、展览会、交流会则比较含蓄，先展示成果、树立形象，后促进贸易，进行合作投资。英联邦展览业联合会的调查显示，展览会是优于专业杂志、直接邮寄、推销员推销、公关、报纸、电视、会议等手段的最有效的营销中介体。通过一般渠道找到一个客户，大约需要219英镑的成本，而通过展会，成本则仅为35英镑。在发达国家，通过参加会展进行产品推广已成为企业的重要营销手段。

（2）通过参加会展，参展商可以宣传自己的产品，展示自己的品牌，树立自己的形象。参展商在展会中一般都拥有一席展台，摆放、陈列自己的产品，可以让观众近距离地观察乃至试用其产品。展台像一个独立的工作机构，自成一统、自由支配、合理合法，可以让参展商从容不迫地组织活动，大张旗鼓地安排宣传。工作人员不仅可以面对面向观众讲解，演示新产品、新技术的优越性能，还可以通过录像、幻灯、投影、散发资料等手段，全面介绍公司的情况和产品特色。会展活动的交流和宣传有一种人性化沟通的亲和力和震撼力。目前，参展商在展台设计和装修方面力求标新立异，引人注目，借此展示企业的实力，树立公司的形象。采用新型钢架结构、铝型板材，并结合光学、美学、环境学、色彩学等多种技术的个性化设计和展台建筑相继出现在大型国际展览会上，让人耳目一新，而且相互攀比之风愈演愈烈。此外，参展商还可以在展会上通过散发资料、赠送礼品、请客吃饭、浏览观光、观看节目演出等多种形式和方法建立并维持与利益相关者的关系、树立企业形象。

（3）通过展会期间的调查和观察，企业可以搜集到有关竞争者、分销商和新老顾客的信息，能够迅速、准确地了解国内外的新技术、新产品，了解市场和技术发展的脉搏及行业发展趋势等，了解地区和国际信息，从而为企业制订下一步的发展战略提供依据。当今社会，面对不断变化的消费者口味、技术和竞争，以及产品生命周期越来越短等状况，不断进行创新来推出新产品已成为企业的常规工作。而一个新产品从构想到进入市场，投入的人力、财力、物力也越来越大。因此，展览会已成为完成这项工作的最佳接口。新产品在展会上亮相，让不同的参会者从不同的角度对其作出评判，这为企业提供了宝贵的市场信息，从而有利于产品的最终定型和成功上市。

（二）会展业对采购商、科研人员、一般观众等与会者发挥的功能

作为专业观众参加展会的采购商在展会上眼观六路，耳听八方，货比三家，还可能获得优惠价格以及其他相关服务。科研人员通过会展观察、揣摩，了解新技术创新，了解自己感兴趣的设备，可以开拓思路，得到启迪。综合性展览会中，一般观众也能够了

解珍闻趣事，观摩精美设备，感受科学技术的魅力。

国际性会展活动则更加广泛地涉及经济、贸易、科学、文化、历史、外交、政治等诸多方面，将人类各种新成果、新产品、新工艺汇聚到一地进行展示并教育公众，也将优秀企业家、公司重要决策人，甚至国家元首、政府要员召集到一起，构建起一个高层次交流的大平台。

第三节 会展的分类

一、会议的分类

由于会议非常纷繁复杂，往往要对其进行分类，以便掌握不同会议的特点和运作规律。会议按照不同的划分标准，有不同的种类，常见的划分方法有：

（一）根据会议的规模进行划分

根据美国会议联络委员会（CLC）的调查研究，会议大体可以细分为如下几类。

1. 一般会议

一般会议（meeting）指公司或协会举办的会议，与会者要在会议举办地留宿过夜。其中，公司会议（corporate meeting）包括销售会、股东会、新产品发布会、培训研讨会、管理会议等；协议会议（associate meeting）包括教育与技术研讨会、董事与委员会会议、各大组织的分会等。一般来说，一般会议的规模在100人以下。

2. 大型会议

大型会议（congress）指主办机构或协会的全体成员（许多国家或地区的代表）参加的主题会议，如国际性会议。大型会议一般由国际性协会组织，规模在800～1000人之间。

3. 展览会

展览会指某一行业的服务和商品展示，它向普通公众和专业人员开放。行业展览往往定期举行，众多公司代表前往参展、洽谈、交易。会议规模没有固定的标准，要视不同行业特点而定。另外，业内人士也将大型文体活动、比赛等列入广义的会议之中，如电影奥斯卡奖评选活动、足球世界杯赛等。但是随着会展业的发展，人们对会议的认识逐渐达成共识，所谓会议是人们有组织地聚集在一起交流信息、联络感情和决策的活动，这里不包括带有展示、交易或竞技性质的展览会、博览会、交易会和运动会。

（二）根据会议的性质进行划分

参照《国际会议业词典》，主要的会议种类有：

1. 年会、例会（convention）

就某一特定的议题展开讨论的聚会，议题可以涉及政治、贸易、科学或技术等领域。年会通常包括一次全体会议和几个小组会议。年会可单独召开，也可以带展示会。多数年会是周期性的，最常见的周期是一年一次。全体会议需要召集所有与会者，因此通常要租用大型会议厅、大型宴会厅，具体问题则在小组会议上讨论，租用小会议室。

2. 专门会议（conference）

与年会基本相同，可以是任何组织为会面和交流看法、传递信息、进行讨论或向公众公开某一观点的聚会，不要求定规、连续性或指定的时间周期。由于是针对专门目标，专门会议的规模通常比代表大会之类的要小一些。但与年会通常适用于贸易界的特征相比，专门会议更多地用在科技界。其议题通常涉及某种特殊的研究问题并需要展开讨论，会议的内涵比较深。可以召开分组会，也可以只召开大会。

3. 代表大会（congress）

几百人乃至几千人定期的聚会，一般讨论某一特殊问题。常持续几天时间，并同时召开几个分会。这一词语最常被欧洲人和国际性会议使用。大多数国际性代表大会多年召开一次，而国家性的代表大会较为经常，一般每年召开一次。

4. 峰会（summit）

一般指高级官员，如政府首脑间的会议。

5. 专题学术讨论会（symposium）

比较正规的交流学术、讨论观点的聚会。典型特点是由一些个人或专门小组作示范讲解，有一定数量的听众参与讨论。

6. 论坛（forum）

就某些议题展开反复深入讨论的聚会。一般由小组组长或演讲者主持，有不少听众参与，小组组长和听众都可以提出问题，展开讨论。会议主席总结各方意见并引导讨论的方向。

7. 讨论组（workshop）

各小组参加全体会议，就专项问题或任务进行讨论的聚会。参加者互教互练，交流知识和技能。通常用来进行技能培训。

8. **研讨会（seminar）**

小型的论坛或专题学术讨论会，强调充分的参与性。

9. **培训会议（training）**

就某一课题进行指导和操练的聚会，形式以小组为主。

10. **学会（institute）**

某一行业或专业设立的机构为了同一论题而举办的延续性会议。目的经常是提供进一步教育培训机会。

此外，还有专题讨论组（panel）、进修会（retreat）、讨论分析课（clinic）等会议种类。

（三）根据会议主办者身份进行划分

1. **公司类会议**

公司会议活动分为内部会议和外部会议。内部会议的与会者都是公司员工，例如销售会议、管理会议、员工大会、培训会议等；外部会议则是公司客户关系管理战略的重要组成部分，通过邀请客户参与公司的发展过程，而与客户建立密切的关系，这类会议有新产品发布或推介会、分销商会议、股东/公共会议、专业/技术会议等。

2. **协会类会议**

众多遍布全国甚至全球的协会是最常见的会议组织者。协会会议又可分为国际性协会会议和国内协会会议。国际性协会会议是指由各类国际性学术机构举办的会议。国内协会会议是由国内相关的学会、协会、学术机构举办的会议。具有参会人员构成多样、行业涉及面广泛的特点。它们的规模各异，性质也互不相同，地方性协会、全国性协会乃至国际性协会每年都要举办各种会议。由于规模较大，协会类会议常常要在专门的会议中心或会展中心召开。

参照美国协会管理人员团体（ASAE）的构成，协会可以有以下几种大的分类：

（1）行业协会。它是会议业最值得争取的市场，因为协会的成员多为业内的成功管理人员。

（2）专业或科学协会。在专业科学界，很多专业都有自己的全国性学会及各地分会。它们也是由来已久的会议举办者。

（3）技术协会。

（4）志愿者协会和学会。

在ICCA数据库中，全部的协会类会议都符合下述的标准：按正规方式组织；至少在4个不同的国家之间轮流召开会议；最少吸纳50名与会者。

3. **非营利性机构（公共部门）会议**

与协会比较相似，这类会议的主办者主要有政府机构、工会、宗教团体、医疗卫生服务机构等，都是非营利性的，有不同的资金来源，很多可以使用公共资金。

在北美，有时候用 SMERF 团体，即社会团体、军事机构、教育部门、宗教团体以及兄弟会来表示那些在工作上没有直接关系的各种组织。它们对价格很敏感，更易在淡季预定会议，常常由非专业人士策划，而且策划人常常变化。

4. 工商企业类

这类会议主办者完全是市场化运作的，是典型的赢利性会议。他们一旦在商业界或科研界发现热点问题，就会主动选定议题，策划一个会议，一般会邀请高层次的专家对此问题进行演讲、讨论和辩论。他们的目的是为任何愿意付费参加会议的人出售会议产品。他们的收入来源于参会费、广告费、冠名费等，成本是会议地点收费、宣传营销、邀请演讲人等。他们自负盈亏，风险和收益同时并存。

这类会议一般是由出版社、贸易协会、科研团体和个体会议组织者组织。它们成功的前提，是敏锐触摸时代和行业的脉搏，搜集详细而前沿的资料，抓住潜在客户，积极宣传造势。

二、展览的基本种类

展览会的类型繁多，按不同的分类标准有不同的种类。

（一）根据展览内容进行划分

1. 综合展览

即全行业或数个行业的展览会，也被称为横向展览会。这类展览会规模一般较大，按行业划分展区，如工业展、世博会等。

2. 专业展览

即涉及某一行业甚至某种产品的展览会，具有较强的专业限制，如钟表展、糖酒会、IT 展等。专业展览会的突出特点之一是往往同时举办讨论会和报告会用以介绍新产品、新技术等。

（二）根据展览性质进行划分

1. 贸易展览

即为产业，如制造业、商业等行业举办的展览，如广交会等。展览的主要目的是交流信息、洽谈贸易，参展的主体是商人，展期多为 3~5 天。

2. 消费展览

即面向普通大众消费者开放的展览会，又称展销会，主要目的是直接销售。这类展览会多具有地方性、综合性的特点，如服装展、食品展、地方土特产展等。展期相对较长，一般为 10～15 天。

（三）根据展览时间进行划分

1. 定期展览

一般有一年一次、一年两次、一年四次、两年一次等不同周期的展览会。

2. 不定期展览

一般视需要和条件而定，分为长期展和短期展。长期展展期可以为三个月、半年，甚至常设；短期展展期一般不超过一个月。

（四）根据展览面积进行划分

1. 小型展览

即单个展览面积在 6 000 平方米以下的展览会。

2. 中型展览

即单个展览面积在 6 000～12 000 平方米之间的展览会。

3. 大型展览

即单个展览面积超过 12 000 平方米的展览会。

这里需要指出是这个划分标准不是永恒不变的，随着经济的发展和科技的进步，大、中、小型展览的划分标准会有所提高。

（五）根据展览场地进行划分

1. 专用场馆展览

大部分展览是在专用展览场馆举行。专用展览场馆又分室内场馆和室外场馆。室内场馆多用于举办展示常规展品的展览会，如电子展、纺织展等。室外场馆多用于举办展示超大、超重展品的展览会，如航空展、矿山机械展等。

2. 巡回展览

即同一主题的展览在多个地方轮流展出。

3. 流动展览

即利用飞机、轮船、汽车、火车、组合房屋等作为展场的展览会，在不同地点、不同时间展出相同的内容。

（六）根据参展商和观众所代表地域进行划分

1. 国际展

国际展览局在其公约中规定：20%以上的参展商来自国外，20%以上的观众来自国外，20%以上的宣传费用的使用在国外，符合这个标准的展览会称为国际展。

2. 国家展

即参展商、观众覆盖举办地所在国全国各地的国家级展览。

3. 地区展

即参展商、观众覆盖举办地所在地区的展览。

4. 地方展

地方展一般规模不大，观众主要来自当地，但参展商可能是这一地区以外的，甚至是国外的。

5. 独家展

即由单个企业为其产品或服务自行举办的展览会，一般规模不大，大多在酒店、宾馆内举行，有些还在酒店、宾馆等常设展厅。它也是一种迅速发展的展览形式。

（七）根据展览环境虚实进行划分

1. 传统展览

又称现实展览，就是将展品在一定时间、空间条件下通过直观展示来传递和交流信息的展览会。其特点是展品真实可触，参展商与观众可面对面交流。

2. 虚拟展览

又称网上展览、在线展览。这是一种通过互联网，使用虚拟展览环境进行展示的展览会。其特点是展品看得见却摸不着，参展商通过网络媒介进行交流，如网上广交会等。

（八）根据展览涉及的行业进行划分

这里以美国展览会分类标准为依据，展览的主要分类为礼品展、玩具展、五金展、汽车展、游艇展、计算机展、成衣展、时装展、食品糖果展、消费电子展、工业电子展、电器用品展、运动器材展、文具展、酒店餐厅用品展、纪念品展、办公用品展、杂货展、赠品展和处理品展20大类。

第四节 会展的参与主体

一、会展的组织者

会展组织者是一个会展活动的发起者、会展事务的执行者和会展结束后事务的处理者,在会展市场营销主体中处于主导地位。会展组织者通常包括主办者、承办者和代理商等三大类。

(一) 主办者

从目前我国会展活动的实际运作来看,会展活动的主办者包括各级政府部门、各类行业协会、商会和部分较大规模的会展企业。各级地方政府部门代表国家和地方利益,在组织会展活动时主要考虑的是国家和地方的产业政策和经济发展规划等。例如,世界博览会通常由各国高级政府部门和申办城市的政府部门担任主办者,负责对世界博览会的全过程进行运作。商会、行业协会代表行业的利益,主要考虑产业或者行业的相关政策和发展趋势。我国大多数成功的国际性会展活动的主办者是国内的行业协会。会展企业主办会展活动时,通常与政府部门或者行业协会结为伙伴关系,以利于提升会展的知名度及扩大会展的影响力。一些大型的企业自己主办会展活动,其目的主要是发布新产品,增加销售额,提升企业的形象。

(二) 承办者

会展承办者是对会议和展览活动直接进行具体运作的会展企业。目前,我国对于会展活动承办者实施资格审定制度,凡从事境内对外经济技术展览会(简称"来华展")或出国举办经济贸易展览会(简称"出国展")业务的机构,都必须获得政府有关部门批准的办展资格,否则不能进入展览市场。在我国会展活动的实际运作过程中,会展承办者的职能在不断地扩大,而且随着会展市场竞争的加剧,会展承办者的职能还将会得到进一步扩大。

至于会议的承办者,则没有统一的规定,一般有一定规模的会议大多仍由专业会议企业全程运作。目前我国会展主办方为了与国际接轨,提升会展质量,对于承办者的选择已经开始采用招标的形式。这一举措将大力推进我国会展业的市场化进程,规范我国会展市场,加快我国会展企业的发展步伐。

> **案 例**
>
> 2008年10月24日至25日,在北京举行的第七届亚欧首脑会议通过了中方提出的轮流举办亚欧文化艺术节的倡议,并通过了由中国举办首届艺术节的建议。其主办者和承办者是:

主办者：
　　中华人民共和国文化部
　　中华人民共和国外交部
　　国家广播电影电视总局
　　国家新闻出版总署
　　北京市人民政府
承办者：
　　国对外文化集团公司
　　中国教育图书进出口公司
　　中央电视台

　　主办者和承办者在法律上的地位有着很明确的区分，实践中这种划分也是必要的。在会展具体事务的处理上，一般是承办者在起作用，整个会展的运作也是承办者在执行。原对外贸易经济合作部公布的《关于出国（境）举办招商和办展等经贸活动的管理办法》第七条规定了主办单位的职责是：根据外经贸发展战略需要，结合本地区、本单位业务实际，制订并负责向外经贸部申报出国（境）招商活动和办展活动计划，选定招商项目、展览商品和参加活动的企业，审核招商或办展承办方案，监督检查招商或办展活动的效果。第九条规定了承办单位的主要职责是：根据主办单位的要求，具体负责布置展场、运送展品、安全保卫、广告宣传、现场活动、安排人员食宿交通、办理出国手续、收取费用等工作。

　　承办单位的资格和条件，由国家工商行政管理局颁布的《商品展销会管理办法》第六条规定："举办单位应当具备下列条件：（一）具有法人资格，能够独立承担民事责任；（二）具有与展销规模相适应的资金、场地和设施；（三）具有相应的管理机构、人员、措施和制度。"《关于出国（境）举办招商和办展等经贸活动的管理办法》第七条第二款，对涉外会展承办者的资格条件作了这样的规定："办展活动的承办单位应是具有外经贸部授予的对外展览权并已有办理此类活动的经验、信誉好的企业。国家部（委）所属外贸（工贸）总公司可提出一家子公司，各省市外经贸主管部门可提出一两家符合上述条件的省级外贸企业或广告、展览公司，报外经贸部进行资格审定后作为承办单位。"涉外会展主办单位的条件，可在《关于出国（境）举办招商和办展等经贸活动的管理办法》中找到。该《办法》第五条规定："外经贸部及其授权的单位，主办全国性的赴国（境）外的招商活动。各省、自治区、直辖市、计划单列市人民政府的对外经济贸易主管部门，主办本地区的赴国（境）外的招商活动。除上述单位外，不得组织赴国（境）外的招商活动。"第六条则根据办展的范围和规模，具体规定了主办单位，即各级主管经济贸易的政府部门以及各相关行业协会。我们从1997年原外经贸部、国家工商行政管理局《关于审核境内举办对外经济技术展览会主办单位资格的通知》中可以发现，具有境内对外经济技术展览会主办资格的单位，主要是各级贸易促进机构、商会、协会以及部分规模较大的企业。

　　此外，主办单位资格实行年审制，每年予以公布。也就是说，主办单位的入行门槛还是相当高的。事业单位法人只能主办会展，不能承办会展。企业性质的主办单位，可以承办自己主办的招商或会展活动。承办单位的资格认定有法可依,其资质标准可参照律师事务所、会计师事务所等专业服务机构的成立标准,并对从业人员的资格条件和人数等进行了明确的规定。

(三) 代理商

会展代理商是指参与会展招展、招商的分销商,在实际运作过程中往往作为活动的协办单位,也是会展组织者的重要组织部分。它可以拓展主办方和承办方的业务网络,扩大业务规模,提升会展水平。根据会展项目的需要,代理商可分为独家代理、一般代理和承包代理。公司、相关协会和商会、有关媒体、个人、国外驻华商务处、贸易代表处和公司都可以成为代理商。

会展组织者除了主办者、承办者和代理商外,还应当包括支持单位,如报刊、电视、电台、网络等主流媒体等。对于这些给予会展活动大力支持和起辅助作用的单位,应当视作会展组织者之一,在实际运作过程中也是如此。

二、会展的与会者

会展业是一个综合性的行业,举办一次会展活动牵涉到的利益主体很多。会展的与会者是指会议或展览活动运作过程中的参展商、观众等主要参与者。

(一) 参展商

参展商是受会展组织者邀请,通过订立参展协议书(或会展合同),于特定时间在展出场所展示产品或者服务的主体。对于参展商而言,参加会展活动是其营销活动的重要组成部分,通过参展宣传新产品、新技术来寻找潜在客户,了解产品信息和客户需求,洽谈贸易和投资合作,树立企业形象。我国《商品展销会管理办法》第七条规定:"参展经营者必须具有合法的经营资格,其经营活动应当符合国家法律、法规、规章的规定。"可见,对于参展商的主体资格要求,比会展组织者要低得多,只要具备合法的经营资格即可。这就意味着,各种市场竞争主体只要在工商管理机关进行了营业资格的登记,都可以作为参展商参与会展。

参展商是会展活动的主要购买者,也是会展承办者的主要营销服务对象。作为会展服务的主要购买者,参展商往往要认真考虑参展的目的、条件、效益等诸多因素,谨慎作出参展决策。在筹备参展的过程中,他们主要的工作是培训参展人员、策划展台设计、搜集展会信息。在参展过程中,他们主要的工作是展示、宣传自己的产品和服务,洽谈商品和服务的交易,搜集竞争者和消费者的信息等。参展商在会后还要进行一些后续工作,如对客户的跟踪调查、售后服务、参展效益的评估、参展活动总结等。

会展企业和参展商之间的关系是一种长期合作的关系。虽然在今天仍有一些恶性骗展事件发生,但随着行业制度和会展法规的完善,这类事件会慢慢杜绝。会展企业希望通过办展赢利,而参展商需要通过参展获取自己想要的信息、推介自己的产品、提升自己的企业形象。会展企业只有提供很好的服务,参展商才能得到自己想要的东西,才会觉得参加展览确实物有所值,同时会展企业也会赢利。

(二) 观众

观众是通过购买门票或提前注册入场参观,与参展商进行洽谈的法人、自然人或其他相关的市场主体。我国现行的规章制度中,没有针对观展者的特殊要求。会展业是根据观展者身份、目的的不同,将观展者分为普通观展者和专业观展者。专业观展者包括贸易商、采购商、批发、科研教育人士、政府官员等。他们素质高,很多都能参与企业的决策。专业观展者有产品供需型、技术探求型两类。前者以产品交易为最终目的,通常由企业的采购人员、市场部经理等人员组成;后者的观展目的往往是探求相关领域技术的发展状况,了解该领域的最新动态,参加人员一般为工程师、设计师等技术人员。一次好的展览会对于专业观展者来说,既可以增长见识,又是一个交流信息的平台。专业观展者也非常看重展会的质量,尤其对于会议市场来说,某些协会的会议因为要收一定的会费,所以会员更希望得到自己关注的信息。因此,近年来专业观展者对于展会的质量要求越来越高。普通观展者就是一般的公众,那些综合性的博览会,参观者大部分是普通观众。过去,普通观众曾是门票收入的重要来源。普通观展者不以达到交易为目的,而是出于兴趣和爱好来了解展会情况。由于一般观展者只是希望初步了解展会的情况,因此,许多展会,尤其是专业技术展会不允许一般观众入场——即使允许,也是安排在展会的最后两天。而且,参展商通常不太重视一般观展者,只有在消费类产品和服务的展会上,普通观展者才会得到重视。

按是否有效,观展者也可分为有效观展者和无效观展者。有效观展者是参展商所期盼的、有一定质量的或者展会不可或缺的观众。无效观展者是参展商所不期盼的、对展会可有可无的观众。对于一个专业展会来说,若无效观展者过多,就有可能对展会的正常商务活动产生负面影响,造成现场太拥挤而秩序混乱等。因此,展会对无效观展者要加以限制,使有效观展者在到会观展者中保持相当的比例。一般而言,这个比例不能低于30%,若小于这个比例,就会影响展会质量。当然,无效观展者并不是一无是处,只要数量适中,对增加展会人气、活跃展会气氛、扩大参展商的广告效应和知名度也是有一定作用的。只不过他们的数量不能太多,否则就喧宾夺主了。

就我国的情况而言,我国的会展业起步于改革开放的初期,多年来一直是政府促进贸易、投资、技术、文化交流等事业发展的重要促进手段与载体。加上我国经济体制带有很强的政府主导性特征,因此我国的会展活动大量由政府或半官方机构主导,这也是有别于全世界其他会展大国的一个显著特色。就会展主办机构而言,目前,尽管参与者增多,多元化特征明显,但是大体上五大办展主体仍占据主要地位,即政府(包括政府及部门、政府临时机构、贸促会等半官方贸易促进机构)、商协会、国有企(事)业、民营企业、外资企业。从法律意义上来看,在我国,主办机构是办展的主体和主要民事责任单位,但我国的展览活动大部分另有承办单位。从承办单位来看,企业承办所占的比重正呈现越来越大的趋势。我国的政府主导型展会项目数世界第一,许多大型活动特别是中央和省级以上政府机构或全国性商协会主办的展览,其主办方往往由数个不同机构共同组成,承办者往往是主办单位的下级政府机构。目前,我国的会展业还处在较低的发展水平,管理和运作模式相对滞后,难以跟上会展业的发展速度和要求。

(三) 会展中心

会展中心主要包括会议中心和展览中心,不过它们一般都是建在一起的,或者是合二为一的。会展中心是会展营销活动的重要主体,也是会展组织者举行会展活动的一个空间载体,是影响会展参加者进行决策的一个重要条件。

会议中心是为了各种不同规模的会议提供专门场地、设施设备和服务的场所,主要包括会馆、酒店、休闲中心、旅游景点、星级游轮和运动场所。展览中心又称展览场馆,是提供展览场地及举办展览会所需要的一切设施设备和服务的机构,包括硬件和软件两部分。展览中心的级别不同,各自的软件和硬件条件也会有所差别。衡量展览中心硬件的主要内容包括:展览中心的地理位置,内部布局,展馆结构(展厅外观、面积、层高、地面条件等),设施设备(供电、给排水、空调、电梯、照明、消防、通信、网络和信息系统等)。

关于会展中心与会展企业的合作,目前在我国有两种情况。一是以会托馆,如2000年在上海举行的"亚洲太平洋经济合作会议(APEC)",会议的级别和影响力使得上海国际会议中心成为全球瞩目的焦点,为它日后成为上海举办大型会议的首选场所作了铺垫。二是以馆成会,如在上海场馆不足但展览活动很多的情况下,场馆呈供不应求之势,几乎所有会展企业在展览旺季都想在新国际博览中心办展,但迫于现实情况,新国际博览中心只能挑选一些水平高、信誉好的展会举办。这样无形之中使得新国际博览中心成为一个展览会的品牌,许多参展商只要看到是在新国际博览中心举办的展览会便会毫不犹豫地参展。在第一种情况中,会议中心和展览中心必须和会展企业密切合作,才能提高场馆的利用率,尽快收回投资;同时,会展企业也只有和场馆进行友好合作,才能提高自己的展览服务水平,实现双赢。

严格来讲,会展可以在展馆内举行,可以在露天场所举行,也可以在水上、空中等一切可能的空间位置举行。因此,称其为展览场所主体似乎更为确切。但是,经济生活中约定俗成地用场地提供方或者场馆这个名称,不作特别说明的话,以下提到的场馆即指会展场所提供主体。毕竟大部分会展还是在固定的场馆内进行的,由于场馆占地面积大、前期投入多、回报周期长,所以一般都是由国家投资建设的。因此,场馆建筑往往规模宏大,有的还成为城市的标志性建筑。场馆的特殊地位,决定其是一种稀缺资源。因此,对其经营者应该予以限制。

目前,国内许多城市不是因为有了会展市场才去兴建会展场馆,而是为了增加城市功能或塑造形象工程而大兴土木,掀起了城市兴建会议和展览中心的热潮。城市增加了会展功能的硬件,有了可以津津乐道的形象工程,但是面对越来越多会展场馆之间的竞争,如何开发足够的会展资源来满足场馆的有效需求,成为许多场馆面临的一个迫切问题。根据会展场馆的硬件资源条件,开发培育契合本地或区域市场需求的品牌会展,发展地方特色会展经济,是推动城市会展经济发展的基础。

目前,我国的场馆经营者往往也是会展企业,大多是由原有的国有企业经过改制或改型产生的,其规模一般都比较大,并且拥有会展主办资格和承办资格。这种得天独厚的先天优势,使得拥有场馆经营者身份的会展企业,在市场竞争中占据优势地位。

第五节 发展会展业的条件

会展业的发展是需要具备一系列条件的。只有那些比较全面地具备了相关条件的地方,会展业才有可能发展起来。

(一) 优越的地理位置和交通、通讯条件

发展会展业必须具有优越的地理位置和便利的交通条件。若是大型的商品交易活动,还必须接近商品的供应地和销售地,以便为商品交易各方降低交易成本,获得尽可能多的收益,吸引各地客商前来进行商品交易活动。世界上最重要的150个专业展览会中有近120个都在德国举行,这与其地处欧洲中心、交通便捷密切相关。承办各种国际会议最多的城市,如巴黎、伦敦、日内瓦、布鲁塞尔、柏林等,几乎都在地理位置上具有得天独厚的优势。我国的香港、上海、北京等城市会展业发达的一个重要原因也是由于地理位置优越。

(二) 高度发达的城市经济

举办任何会展活动都需要一定的经济实力和资金投入,没有雄厚的经济实力做保障,是难以举办大型会展活动的。现代奥林匹克运动没能在欧洲工业革命前产生,其中一个重要因素是当时的经济状况无法为它提供经济支持。据世界银行提供的资料,2000年举办国际性会议次数最多的前10个国家和城市的人均国民生产总值均在1万美元以上,其中瑞士1991年人均国民生产总值为33 610美元,为世界第一。虽然瑞士人口仅680万,面积仅4万平方千米,但1998年瑞士举办国际会议次数排名世界第9位,共组织674次国际会议。由此不难看出,发展会展业的国家或城市必须是经济高度发达的国家或城市。

(三) 完善的城市功能和良好的城市形象

会展业对城市功能有极大的依赖性,没有完善的基础设施(如便捷的交通条件和先进的通信设施等)一些大型会展活动是无法成功举办的,要成功举办一些大型会议也是难以实现的。新加坡发展会展业的成功经验中有一点就是新加坡政府一直致力于城市基础设施建设、净化环境等,以吸引会展组织者、会展参展商和观众。

发展会展业的城市必须要有良好的城市形象,缺乏城市形象或城市形象不佳的城市很难展开促销,也就缺乏竞争力。城市旅游资源的丰富程度和文化内涵则是营造城市形象的一个重要方面。会展业与旅游业是分不开的,很多时候会展组织者就是冲着举办地的名胜古迹、美丽风光和良好的城市形象而来的。

(四) 良好的会展设施

现代化的会展设施是发展会展业的物质基础和先决条件。著名的国际会展城市大都会拥有专门的会展设施，如纽约、底特律、米兰、伦敦、巴黎、东京、法兰克福、慕尼黑都有10万或20万平方米以上的大型现代化展馆。汉诺威建有展出面积接近47万平方米的世界上最大的展览场馆，大型会展中心更是拥有难以想象的先进的通信设施等。

(五) 广阔的、有潜力的市场

上面已经提到，欧美地区发展会展经济有着广阔的、有潜力的市场。近年来，亚洲会展经济发展速度很快，其规模仅次于欧美，主要原因在于其广阔的市场和巨大的发展潜力。除日本外，中国内地及香港地区、西亚的阿联酋等，凭借其广阔的市场和巨大发展潜力和较为有利的地理区位等，在会展业发展上取得了巨大的成就。

(六) 良好的政局、制度条件

一个国家或地区政局稳定，就有可能吸引很多会展活动在该国或地区举办；相反，若一个国家或地区动荡不安，很多会展活动就会对它望而却步。此外，国与国之间的政治关系也会影响会展活动的成败。

在制度条件方面，任何会展活动都必须符合举办地的法律、法规，并与举办地的文化传统和民族习俗相适应。例如，有的国家和地区不欢迎，甚至禁止一些体育活动和艺术活动的举办，这样与其相关的会展活动就没有在此地进行的制度条件。如政权的更替等制度变迁则可能使原来可以举办的会展活动变成不可能，而原来被禁止的会展活动也许在政权更替后就可以举办了。

(七) 政府部门从战略规划及经费上作出有利的安排

会展业是一个涉及多行业、多部门的产业。会展业通过对相关产业的拉动，与其他经济部门相辅相成，互相促进，在互动中实现良性循环，共同为整个国民经济的快速发展发挥积极的作用。正因为如此，各国政府都十分重视会展业的发展，在制订经济发展战略和城市发展规划时，积极考虑本国会展业发展的需要，进行合理的安排。

(八) 具有专门的会展人才

组织会展活动，必须要有高素质的、具有组织能力和管理水平的专业人才。从会展的筹办到会展的收尾，涉及的部门很多，在时间、人员、空间、物流等方面都需要会展人才运筹帷幄。会展业是一项专业性很强的产业，从设计、布展、服务到打造会展名牌，绝非是所谓"摆摊"人员所能胜任的。会展还是一项政策性很强的工作，需要熟知经济政策、法律常识，善于运用"游戏规则"等。因此，会展业看起来简单，而实际操作起来却很有学问，需要一大批高素质专业人才。

（九）科学技术的支持

举办会展活动需要相应的技术支持。譬如，美国会展业中涌现的现代科技主要应用于六大方面：数据管理与沟通、数据搜集与分析、发展趋势判断、更广泛地接触客户、智能化设备、现场跟踪。科技创新让会展充满活力，让参展商和观众娱乐式地参与到会展活动中来，使他们在自我娱乐中很自然地接受营销信息。没有一定的科学技术水平，就不可能成功举办一些技术性强、专业性强的会展活动。

第二章 市场营销与会展

由于会展业的产业化，现代的会展业成为国民经济的一个重要产出部门。俗话说，"酒香不怕巷子深"，但从会展的实践来看，现实经济中存在大量的会展企业，同时也存在着数量庞大的参展商和观众。（总有很多事情你虽然清楚了，但是他人未必清楚；也有很多事情，你虽然认为对方已经清楚，但是事实上对方并不清楚。）虽然从企业最根本的利益出发，会展企业希望更多的企业和观众参加由他们举办的展览会，参展商和观众也期望能够从众多会展中选择最能够达到预期目标的会展活动，然而由于现实中会展企业与参展商和观众之间存在信息不对称等问题，往往使得会展企业和参展商和观众都无法达到自己的预期目标。所以，营销工作是成功举办一个会展项目的核心环节，而会展营销就是试图用营销学的基本思想来解决会展业发展中的具体问题，是营销学在会展业中的具体应用。

第一节 市场营销

一、市场营销的定义

市场是社会分工和商品交换的产物，属于商品经济的范畴。随着商品经济的发展，市场也随之不断变化，人们对市场的认识也在发展。

人们对市场的一般认识，是从地理位置和形式开始的，认为市场是指商品进行买与卖的地方，例如某某市场、某某百货商场等。它是具体的、看得见摸得着的，也是市场最早出现的形态。其实，人们有各种各样的需求，但由于社会分工的普遍存在，生产资料归不同所有者所有，各个生产者都是相对独立的商品生产者。他们之间各种各样的需求与供给，必须通过交换、买卖的方式去获得，这就形成了市场。所以，从表面上看，市场是商品交换的场所；但实质上它体现了人与人之间的经济关系，反映了人们对商品的供求关系。这是对市场的进一步抽象概括。现在西方最常见的解释，是站在卖方的营销角度去分析，市场只是指需求的一方，不包括供给一方，是指某种商品的现实购买者和潜在购买者的需求量总和。对于一切既定的商品来说，市场包含三个要素，即有某种需要的人、为满足这种需要的购买力和购买欲望。如果用公式来表示，就是：市场 = 人口 + 购买力 + 购买欲望。

关于市场营销，最有代表性、最能说明学科发展进程的是美国市场营销协会

(AMA)分别于1960年和1985年所下的两个经典定义。1960年的定义认为:"市场营销是引导货物和劳务从生产者流向消费者或用户所进行的一切企业活动。"这一定义将市场营销界定为商品流通过程中的企业活动。在此定义下,"营销"等同于"销售",只是企业在产品生产出来以后,为产品的销售而作出的各种努力。1985年的定义认为:"市场营销是计划和执行关于产品、服务和创意的观念、定价、促销和分销的过程,目的是完成交换并实现个人及组织的目标。"根据这一定义,市场营销活动已经超越了流通过程,是一个包含了分析、计划、执行与控制等活动的管理过程。

除了这两个经典定义之外,营销管理学派的代表人物——美国西北大学教授菲利普·科特勒、欧洲关系营销学派的代表人物——格隆罗斯于20世纪90年代对市场营销所下的定义也被世界各国市场营销界广泛引用,成为两个学术流派的权威定义。其中,菲利普·科特勒1994年下的定义认为:"市场营销是个人和集体通过创造并同他人交换产品和价值以满足需求和欲望的一种社会和管理过程。"这个定义告诉人们,有效的市场营销包括三个方面的问题:第一,通过市场营销要达成满足个人和群体需求和欲望的目标;第二,交换是市场营销的核心;第三,交换是以产品和价值为基础的。格隆罗斯1990年下的定义认为:"市场营销是在一种利益之下,通过相互交换和承诺,建立、维持、巩固与消费者及其他参与者的关系,实现各方的目的。"这一定义强调营销的目的是在共同的利益下,建立、维持、巩固"关系",实现双赢或多赢。

美国市场营销协会2004年又下了最新的定义:"市场营销是一项有组织的活动,它包括创造'价值',将'价值'通过沟通输送给顾客,以及维系管理公司与顾客间的关系,从而使公司及其相关者受益的一系列过程。"这一新定义肯定了近年来市场营销研究及企业市场营销实践越来越将顾客、顾客价值、顾客满意、顾客忠诚与客户关系管理视作营销的核心。现代管理学认为,管理的目标是让顾客、股东和雇员三方面满意,而营销职能的任务是让顾客满意。新定义的表达完全是围绕顾客展开的,换句话说,顾客在今天的市场营销中占据着中心地位,是顾客价值在驱动着市场。

如果我们历史地看,则以上5个定义体现了市场营销概念的演进和营销内涵的扩展。

(一)营销主体的变化

营销主体由"企业"发展为"一切面向市场的个人和组织"。传统市场营销活动的主体限定为企业。现代市场营销的主体包括一切面向市场的个人和组织,既包括企业等营利组织,又包括学校、医院、公共事业单位等面向市场的非营利组织,还包括一些拟通过交换获取所需所欲之物的个人。

(二)营销客体的扩展

营销客体由"货物和劳务"发展到"产品、服务和创意",进而发展到"产品和价值",不仅仅只是产品的交换,而且强调价值的交换。

(三) 营销内容的扩展

营销内容由单纯的"销售"活动发展到"观念、定价、促销和分销"活动，由"有目的、有计划的实施和管理过程"发展到"社会和管理过程"，进而建立、维持、巩固"关系"。

(四) 强调了营销的核心概念——交换关系

每一门学科都有自己的核心概念，营销学的核心是"交换/关系"。只有通过交换，即通过提供他人所需所欲之物来换取自己所需所欲之物的过程都是营销。只有通过交换，实现"多赢"，从而发展企业与多方的关系才是营销的目的。交易是交换活动的终结，掠取或无偿赠送等单方获得的行为不是营销。

(五) 营销既是一种经营哲学又是一种经营职能

英国斯特拉斯克里大学市场营销系迈克尔·J.贝克教授指出："营销既可看做是一种经营哲学，又可看做是一种经营职能"；"相对于以往对交易模型的强调，继续使用这样的组织和规划框架并不会妨碍当前流行的对关系营销的强调"。营销作为一种经营哲学，必须将企业的利益攸关者看做是自己的顾客，通过"满足需求—顾客满意"来实现"多赢"；作为营销部门的一种职能，它又必须与其他职能管理部门一样从事营销的分析、计划、实施与控制等活动，在实施营销职能的全过程中贯彻营销哲学，建立、维持、巩固与消费者及其他参与者的关系，实现各方的目的。

二、营销学的研究对象及特点

关于市场营销学的研究对象，中外学者有不同的表述。各种表述虽然强调的角度和具体表达方法不同，但在本质上还是一致的，即直接或间接地强调了以消费者为中心来实施企业的营销活动过程。这就是市场营销学的特性。市场营销学就是以消费者需求为中心，从销售角度研究企业经营策略和技巧的学科。

由研究对象所决定，市场营销学具有微观性、边缘性、实用性三个显著的特点：

(1) 微观性是指市场营销学主要是从企业的角度研究，着重于微观市场营销活动的经营策略、方法与技巧。但市场是商品生产和商品交换的具体实现领域，市场机制的运行，市场结构、市场功能、市场环境的形成，市场调节作用的发挥都是宏观问题，这就决定了市场营销学也要研究宏观问题。总体来讲，市场营销学是从企业的角度研究如何适应具体市场问题，研究的侧重点是微观，特别是对企业进行营销活动的具体策略和方法。

(2) 边缘性是指当今世界随着社会不断发展和科学技术的日益提高，各学科从形式上表现为综合性，在本质上表现为科学的整体化和传统科学部门的解体。市场营销学也不例外，它是在经济学、心理学、商业学、社会学、计量经济学、统计学和管理学等学科基础上建立起来的一门新的学科。它利用了相邻学科的科学成果，把这些科学成果所获得的科学结论和科学概念运用于市场营销的策略方法和技巧的研究之中。

（3）实用性是指市场营销学的一切理论都来源于实践，在实践中不断充实、丰富和发展，反过来又能有效地指导实践。市场营销学的任务，就是通过对市场营销活动的研究，为企业获取利润提供有效的营销策略和方法。从这个意义上讲，市场营销学是研究如何赚钱的学问，是企业的"生意经"。

三、营销学的研究内容

市场营销学为什么要以消费者为研究的中心内容呢？这是因为消费是社会再生产的终点，是实现企业生产和经营目的的关键。在市场经济条件下，企业生产和经营的目的是为了最大限度地攫取利润，但利润能否实现，不取决于企业的主观愿望，而取决于消费者是否购买他们的商品。所以，美国企业家提出：消费者是市场的主人。日本企业家则宣称："顾客第一"、"顾客是上帝"。一个企业要能够在市场上生存和得到发展，就必须使自己的生产和经营适应消费者的需要。市场营销学要以消费者及其需要为研究的出发点和中心内容，道理就在这里。

市场营销学以消费者为中心展开对整个市场营销活动的研究，主要包括四方面内容，即"产品（product）"、"价格（price）"、"渠道（place）"、"促销（promotion）"，简称"4p"。

（一）产品

市场营销学研究产品，是从市场经营的角度出发，研究企业应如何根据消费者的需要，作出正确的生产和经营决策，使产品适销对路。产品决策的内容主要包括制订产品发展计划、开发研制新产品、产品生命周期的经营策略，还包括确定产品的商标和包装等。

（二）价格

价格主要是研究定价的策略和方法。商品的定价问题是市场经营活动中的重要问题。特别是在市场经济的条件下，价格随市场供求变化而变化，定价是否恰当，直接关系到经营的成败。市场营销学的研究则为企业提供定价的理论依据，以及在不同条件下所应采取的定价目标、定价策略和方法。

（三）渠道

渠道主要是研究商品生产出来以后，应该通过什么渠道，经过哪些商业环节，采用什么运输方式，走哪条路线。渠道选择的正确与否，对于商品流通时间的长短，市场费用的大小，商品价格的高低，销售能否扩大，都有直接影响。它是关系到提高商品流通的经济效益的重要问题。市场营销学根据商品流通规律的客观要求，具体研究不同商品在不同情况下所应选择的流通渠道，以实现迅速地把商品送达消费者手里的目的。

（四）促销

促销主要是研究商品扩大销售的途径、策略和方法，包括如何利用广告媒体沟通产销，如何保持原有的市场和开辟新市场，如何搞好产品的售后服务，如何培养和训练推销人员，如何开展公共关系宣传和营业推广等。

菲利普·科特勒认为：在实行贸易保护的条件下，企业仅仅懂得如何制订出营销组合策略来吸引顾客和用户已经不够了，要把"4P"理论进一步发展。20世纪80年代，他提出了"大市场营销"的理论。他认为，为了成功地进入特定市场，并在那里从事业务经营，在策略上要协调运用经济的、心理的、政治的和公共关系的手段，以博得外国或当地有关方面的合作和支持。他说，企业要想在封闭型市场上销售产品，不是要打开一道大门，而是要打开几道大门。企业必须找出每一个"守门人"，并且通过施加影响或运用权力来转变他们的态度。在此，他强调了企业必须积极地适应环境，协调地使用"权力（Power）"与"公关（PR）"等手段，提出了"6P"理论。之后，科特勒又提出"10P"、"11P"理论，即在"4P"的基础上加进"探查（Probing）"、"分割（Partitioning）"、"优先（Prioritizing）"、"定位（Positioning）"、"权力（Power）"和"公共关系（Public Relations）"。而这10个"P"的基本环节是"人（People）"，即第11个"P"。其基本点是理解人、尊重人，内部营销理论也是以此为基础的。这里的"探查"就是要做好市场调查和预测；"分割"就是要区分不同类型的买主，即进行市场细分；"优先"就是优先考虑或选择能满足其需要的那类顾客；"定位"就是在顾客心目中树立某种形象，保持某种品牌的声誉；"权力"就是了解其他国家的政治情况，并利用权力与有关部门打交道；"公共关系"就是在公众心目中树立一个良好的形象，这就使营销更加注重战略性。

第二节　会展营销的意义

20世纪90年代以来，尤其是进入21世纪以来，我国会展业的发展带动了会展营销的变化和发展。在会展业中，逐渐确立、强化了新的营销观念。这主要表现在：开始重视营销工作，加大推销力度，尤其是加大了广告宣传的力度；开始注重研究会展参加人员的特征以及对会展需求的影响。

具体来讲，会展服务的营销客体包括参展商与专业观众两类性质不同的目标受众。会展企业通过将展位销售给参展商来赚取展位费，这一过程叫"招展"；另外还包括一个十分重要的环节，那就是买家以及专业观众的招徕，这一过程在会展营销中叫"招商"。在会展营销中，招商工作与招展工作是同样重要的。因为，会展活动是一个参展商与参观者高度互动的交流过程。参展商的目标非常明确，就是在展会期间与尽可能多的有实力的买家见面、洽谈,通过展览会把本企业的经营理念、新产品、新技术及企业形象等宣传出去。而买家和专业观众则是希望通过展览会寻求新的产品供应商及合作伙伴、获取最新行业发展动态等。因此,只有参展商与参观者之间达成积极、有效的互动,才能体现出展览会的作用,才能称得上是一届成功的展会。

会展是给会展题材所在产业搭建的一个平台。在这个平台上,参展商和观众进行交流和合作,以实现贸易成交、产品展示、新品发布或搜集信息为目标。参展商参加会展的目的,不在于租用展位或场地本身,也不在于要拥有该展位或场地,而是为了更好地享受会展带给他的上述各种服务。观众参加会展的目的也相似。所以从表面上看,会展营销是在销售有形的展位或场地,但从本质上讲,它更多的是在销售一种无形的服务,这种服务就是会展企业以会展为媒介,从多个方面为参展商和观众提供的各种会展服务。

从会展企业的角度来考察,会展营销就是指会展企业寻找目标市场、研究目标客户需求、设计会展服务、制订营销价格、选择营销渠道以及保持良好客户关系等一系列销售活动的总和。会展营销是以客户的需求为中心的服务营销活动,其目的是实现会展活动的市场价值,促进会展产品和服务的供需结合。具体讲有如下几个方面。

(一)会展营销是满足客户需求、创造利润的出发点

会展企业的主要经营目的就是创造利润,而创造利润的前提条件则是会展企业必须真正树立"以客户为中心"的理念,提供适销对路的会展服务,把创造利润的过程建立在满足客户的需求当中,从而实现销售额最大化、利润最大化。为此,会展营销以目标市场的需求为中心,设计和提供会展服务,调整价格、选择销售渠道、确定促销策略,最大限度地满足目标市场的需求,赢得企业的声誉,创造最大利润,实现经营目标。某展览调查公司的一项调查显示,展览会上接触到的合格客户能为参展企业的展后业务往来节省成本,展后,企业平均只需要给对方打0.8个电话就可以达成交易,而平时的典型业务销售方式却需要3.7个电话。另外,某调查基金的一项研究也表明,客户因参观展销会而向参展商下的所有订货单中,54%的单子不需要个人再跟进拜访,从而能大大节省参展商的交易成本。

(二)会展营销是合理调节市场供求的依据

菲利普·科特勒把市场需求划分为八种不同状态,分别是负需求状态、无需求状态、潜在需求状态、衰退性需求状态、不规则需求状态、饱和需求状态、超饱和需求状态和不健康需求状态。与此相对应,营销任务分别是开导需求、创造需求、开发需求、再创造需求、使供求同步、维持需求、降低需求、破坏需求。这一理论同样适合于会展市场营销。会展产品具有无形性、不可储存性等特点,供给相对稳定,弹性较小,而需求却往往因社会、经济、政治、自然等因素的影响出现较大的波动,弹性较大。在需求超过供给能力的情况下,会展企业的设施紧张,服务人员不足,使部分客户流失或进行"破坏性经营",减少服务项目,降低服务质量。而在需求低于供给水平时,大量的设施以及服务人员闲置,造成浪费。因此,调节供求矛盾是会展企业搞好经营管理的一项

重要内容。市场营销管理要根据八种不同的需求状态,采取相应的管理措施,以达到调节供求、缓解供求矛盾的目标,有利于企业节约成本,提高经济效益。

(三) 会展营销是寻找市场和扩大市场的手段

会展企业为了扩大销售、增加赢利,需要寻找市场空隙,确定目标市场。会展营销就是会展企业通过对目标市场的调查研究,设计、生产这种产品和服务并确定适当的价格,通过适当的方式把这些信息传递给目标客户,促使客户购买会展服务。会展营销还包括企业自身内部的营销,就是通过选拔、激励和监督,使员工热爱企业,努力工作。实践中,内部营销和外部营销的作用是相辅相成的。会展企业搞好内部营销,有利于企业员工认真工作,推出目标客户需要的产品并以最佳的方式提供给客户,增加客户的满意度,促使其重复购买。而客户的满意又产生很好的口碑效应,使得客户群体进一步扩大,增加企业的销售量和利润。

(四) 会展营销是改进企业组织结构的原动力

现代市场营销观念要求会展企业根据市场需求不断改进组织结构,建立新的企业管理体制,以适应市场需求。这要求会展企业组织结构灵活善变,避免僵化,各部门目标明确,职责分明,分工协作,只有这样才有利于企业的发展。

会展营销不仅仅是会展企业的事情,还应当包括政府、参展商甚至还有媒体等。无论营销的主体是谁,会展营销的主要目的都是为了促进销售。会展营销的对象包括会议、展览、节事、场馆,甚至包括会展城市等。对于不同的营销对象,会展营销所表现出来的意义也会有所不同。

第三节 会展营销的特征

会展营销在会展活动运作和会展经济发展中扮演着重要的角色,是会展经济的助推器。就其过程来看,它是会展活动主体利用其占有的资源向目标市场传递会展产品信息,实现展示、交易等预期经济目标的行为。会展业是一个综合性很强的新兴行业,和传统的、有形的产品营销或无形的服务营销相比,具有自己鲜明的行业特色。从某种意义上讲,会展营销既是一种商业活动,也是一种社会活动,又是会展题材所在产业的一种产业活动,牵涉面比其他产品或服务营销的牵涉面更广。

一、会展营销的行业特征

(一) 营销主体的综合性

会展营销的主体十分复杂,大到一个国家或城市,小到每个会展企业甚至是一次具体的会议或展览会组织。每个主体的营销目的不一，营销内容的侧重点也存在明显差异。往往一次会展活动可能要涉及众多的组织和企业。譬如，大型的国际性展会可能由当地政府主办，由一家或者几家展览企业承办，其中个别较复杂的活动则由具体的项目组去承担。换句话说，一个展会由几方面共同操作，且各自承担的工作在深度与广度上有所不同，但进程必须保持一致，合作也必须紧密有效。会展业是一个综合性的产业，在这个产业里，以办展单位策划组织会展为核心，设计、广告、运输、交通、住宿、通信、餐饮、旅游以及城市基础设施建设等行业不仅都参与其中，而且还成为了会展服务的一个组成部分。会展营销不能只局限在办展单位策划组织会展这一环节，还要兼顾并综合反映上述其他行业的一些特点。

（二）营销内容的整体性

会议或展览的举办时间、地点、主题及内容等都是各类与会者所关心的，任何一环如有不妥，都可能导致会展活动的失败。因此，会展营销的内容必须具有整体性，既包括举办会展活动的外部环境，如城市安全状况、旅游综合接待能力等，又包括会展活动能给各类与会者带来独特利益的创新之处，以及配套服务项目与水平等，这一切都会影响与会者的购买行为，决定是否参会等。

（三）营销手段的多样性

会展营销主体复杂和内容广泛的特性决定了会展必须综合利用各种手段来开展宣传，以达到预期的营销目的。从传统的广播、电视、报纸到各类行业杂志、专业会展杂志，再到面向大众的路牌广告、地铁或的士广告以及已渗透到各行各业的互联网，会展营销主体正以平面或立体的方式，将大量的信息以最快、最直接的方式传递给大众。但有一点必须指出，营销手段要讲究综合利用的阶段性，在每一阶段只有用适当的方式宣传特定的内容，才能给大众留下最深刻的印象和触动，从而激发潜在与会者的与会愿望。

（四）营销对象的参与性

在许多时候，会展活动的主办者虽然熟悉如何策划并操作会展，但对行业的认知程度可能并不深刻，因而在整个过程中必须广泛听取各类与会者的意见，并根据自身能力及各类与会者的要求尽可能地调整营销内容，以更好地满足会展消费者的需求。另外，在会展活动中，各类与会者的参与性都很强，组织者必须与其实现互动，才能提高其满意程度。例如，在招展工作中，参展商会根据自身的需要对展会服务提出要求，展会组织者应及时听取反馈意见并改进；而且，针对不同类型的参展商，要制订不同的营销内容。

（五）营销的双重性

尤其就展览而言，参展商通过租用展位或展览场地来参加会展，观众来会展观看参展商的展位和展品，因此展位是会展营销借以联系参展商和观众的重要媒介。会展营销以有形的展位和展览场地为媒介来销售一种无形的服务，使会展营销具有有形的产品营销和无形的服务营销的双重特性。

（六）营销的复杂性

会展的主要客户是参展商和观众等各类与会者，不仅来源复杂，数量也十分庞大，他们参加会展的动机也各异，对会展的内容和种类需求差异很大。为取得较好的营销效果，会展营销必须适应会展所服务的客户在来源、构成及其需求等方面的复杂性。另外，会展营销还是一种全过程的营销，不仅在会展的筹备阶段存在，也在其开幕后的实施阶段和闭幕后的结束阶段存在。

（七）营销的依存性

由于会展业提供服务的特殊性，会展业是一个既受经济环境的制约，也受政治环境和社会环境制约的产业。与其他产品和服务的生产和销售不同，经济、政治、社会的发展变化经常影响着会展业的发展。所以，会展业对经济、政治、社会环境存在依存性，会展营销不能脱离这种依存性而自行其是。

（八）营销的公共关系依存性

由于牵涉面十分广泛，举办会展既是一种商业活动，也是一种社会活动。会展的成功举办，离不开公众和社会各界、会展题材所在产业的企业及组织、政府部门以及消防、安全、交通等许多方面的支持和配合。因此，搞好公共关系在会展营销中具有重要的地位。而传统市场营销对公共关系的重视程度没有会展营销那么高。

二、会展营销的要素组合

会展产业的特殊性使会展营销的要素组合也具有一定的特殊性。会展营销的要素组合既不同于产品营销要素组合，也不同于服务营销要素组合，它是在行业特性的独特要求下融合了产品营销要素组合和服务营销要素组合的一种综合的要素组合。和传统营销要素组合相比，会展营销要素组合有以下三点不同：

（1）传统的营销要素"4P"（产品、价格、渠道、促销）组合不能反映会展营销所具有的服务营销特性。传统的营销要素"4P"组合是基于营销有形的产品而提出的，尽管有一定的普遍意义，但它无法满足无形的服务的营销需要。如果只局限于这"4P"，营销效果将大打折扣。会展营销的服务营销特性，使它的要素组合必须要包含服务营销的要素内容。

（2）传统的营销要素"4C"（客户、成本、便利、沟通）组合不能反应会展营销所具有的产品营销特性。传统的营销要素"4C"组合对一般的服务业的营销有一定的指导意义和适用性，但对于会展这种以展位或场地为销售物，实质上却是提供一种服务的双重特性，适合服务业营销要求的"4C"组合远远不能适应其要求，也不便于会展营销的组织和实施。会展营销的产品营销特性，使它的要素组合一定不能忽视产品营销的要素组合。

（3）会展的行业特性使会展营销更加重视公共关系的作用。会展业的行业特性使它的营销要素组合不能是"4P"和"4C"的简单叠加，而是要求它的营销要素组合必须有适合本行业的内容存在。在传统的营销要素组合中，公共关系仅仅是一种促销手段而已，但基于公共关系在会展业中的重要作用，会展营销比传统营销更为重视公共关系。

理解会展营销的上述特征对我们正确地制订会展营销计划非常重要。它可以告诉我们会展营销的着眼点和重点在哪里，会展营销要满足的目标客户的需求在哪里等。理解了这一点，我们就不会盲目地去套用传统的产品营销方法去营销会展，也不会在营销会展时偏离正确的方向。

第四节　会展营销的目标和任务

一、会展营销的目标

会展营销的目标服务于会展的总体经营目标，是会展总体经营目标的组成部分之一，不能脱离会展的总体经营目标而自行其是。一般来说，会展营销的目标主要有四个，即销售增长目标、市场占有目标、会展赢利目标和会展形象目标。

（一）销售增长目标

销售增长是会展能取得经营发展的前提，没有一定的销售增长，会展的经营将失去存在的基础。会展的销售增长有多种含义。会展的销售增长表现在两个方面：对以展位费盈余为主要赢利模式的会展来说，销售增长是展位或场地的销售增长，门票及其他收入只是补充；对以门票收入盈余为主要赢利模式的会展来说，销售增长是到会观众数量的增长（或门票销售的增长），展位费及其他收入是补充。从销售的数量来看，会展的销售增长也表现为两个方面：一方面是销售量的增长，如展位或门票销售的数量增长；另一方面是销售额的增长，也就是用货币统一表示的展位或门票销售数量的增长。有时候，只看展位或门票销售的数量增长不能全面反映问题，因为该数量不涉及价格因素的影响。所以，会展营销在关注其销售增长目标的实现程度时，应当特别重视销售额的增长情况。

（二）市场占有目标

市场占有率的大小反映了客户对会展的忠诚度和会展的市场地位，往往比销售的增减更稳定,一旦建立起来就不容易改变。因此,在追求销售增长的同时,会展更应该追求市场占有率的扩大。对会展来说,市场占有率有双重的含义:一方面是传统意义上的市场占有率,即会展在该题材会展市场上所占的份额,能反映出本会展的市场地位如何;另一方面是企业参展支出的份额,即一家企业参加本会展的费用支出占其一年内参加所有同类会展支出的总额的比例。这个比例的大小能反映本会展在企业心目中的地位如何。如果比例较小,说明该企业更加重视其他会展;反之,则说明它比较重视本会展;如果该比值等于1,则说明该企业除本会展外不参加其他同类会展。要扩大会展规模,就要努力提高会展在该题材会展市场中所占的份额;要提高会展的档次,就要努力提高本会展在企业参展支出中的份额。

(三) 会展赢利目标

无论是销售增长还是扩大市场占有率,都是以一定的人力、财力和物力的投入为代价的。如果不能在计划的时间内实现赢利,会展的经营将无以为继。2011年年中,总部位于德国科隆的科隆展览集团对外公布,该公司2010年的总收入为2.7亿欧元,比2009年的2.29亿欧元增长4100万欧元。收入增加的部分原因是科隆集团承接了上海世界博览会德国馆的运营工作,然而,2010年科隆集团的亏损状况依旧,达1280万欧元(2009年则为1990万欧元)。首席财政官赫伯特·马纳解释说,北方各展馆和会议中心高达2270万欧元的租金是造成亏损的重要原因。在不包括租金费用的情况下,公司的赢利额为1120万欧元。当然,赢利目标有长远目标和短期目标之分,这两者之间往往会有冲突。因此,在规划会展营销的赢利目标时,要注意把握好两者之间的关系,尽量做到两者兼顾。

(四) 会展形象目标

会展良好形象的建立不仅有助于提高客户的忠诚度,还有助于增强会展的竞争实力和扩大市场占有率,而且更能使会展的经营环境得到改善。为此,建立和完善会展的良好形象,是会展营销的主要目标之一。建立会展的良好形象,从根本上讲,就是要强化会展与客户或社会之间的一致性,淡化或消除他们之间的对立。

二、会展营销的任务

为达到上述四大目标,在具体实施时,会展营销常常肩负着五个具体任务:
(1) 促进会展招展;
(2) 促进会展招商;
(3) 建立会展的良好形象,创造会展竞争优势;
(4) 协助业务代表和代理顺利展开工作;
(5) 指导会展内部员工如何对待客户。
在上述任务中,第五项是最容易被会展营销忽视的任务。很多会展在制订营销计划时，其目标受众是"只对外不对内"，忽视了对自己内部员工的营销，使会展营销内外脱节。其实，会展营销很多时候宣传的是会展的经营和服务理念，这也是员工努力的方向，它可以给员工的行为和服务以很好的指引，引导员工更加善待客户。会展一定要让所有的员工都能按营销时的承诺行事，努力实现承诺。如果忽视了这一点，会展的营销工作就会内外脱节，会展营销的效果就会大打折扣。

会展营销的目标和具体任务是一个完整的体系。一方面，在会展的营销活动中，会展营销的任何一个目标和任务都不能忽视；另一方面，在会展营销的不同时间和不同环境下，会展营销的目标和具体任务组合又是不一样的，各个营销目标和任务的主次地位不同，要求实现的程度和层次有异，要求达到的时间也不一样。兼顾上述两方面，会展完整的营销目标和具体任务组合体系才能建立起来。

第五节 会展营销所应遵循的原则

会展营销目标和具体任务组合体系受会展内部和外部环境两方面因素的影响。在外部环境方面，市场需求、政府的政策和产业环境的变化会导致会展营销目标的变化；在内部环境方面，会展的经营目标、管理手段和核心能力会影响会展对营销目标和具体任务的选择。为达到上述营销目标或完成上述具体营销任务，在进行会展营销时，除了要注意上述两方面因素的影响外，还要注意使其紧扣会展营销的特点，在以下原则的指导下进行。

（一）强化有形展示

有形的东西总比无形的东西更能给人留下深刻的印象。会展营销应想方设法将无形的会展服务用可以看得见的有形事物表现出来，让客户对无形的会展服务看得见、摸得着，切实感觉到自己参加会展就能享受到这些服务。有形展示包括对会展现场环境的布置、会展服务设备的实物装备和一些实体性线索等。所谓实体性线索，是指那些能明白提示客户其享受的服务的质量和提醒顾客其正在享受哪些服务的指示物，如公布会展的广告及推广计划等。

（二）重视口碑传播

不管是企业参展还是观众参观会展，口碑传播对他们的最终决策都有着重要的影响。某项调查研究表明，当某个会展的知名度还不高时，有40%左右的观众是因为同行或熟人的推荐才去参观那个会展。因此，会展要重视口碑传播，努力让客户满意并使其带来更多的客户。

(三) 只承诺能提供的

会展营销时向客户承诺什么非常重要，因为客户可能会基于这些承诺而对会展产生各种期望，如果届时无法实现当初的承诺，客户将会非常失望，会展也将因此受到极大的伤害。会展营销时应只承诺会展能提供的东西，以避免客户对会展产生过高的期望。

(四) 注重营销的连续性

会展营销要有连续性，对会展定位、主题、优势和特点等的宣传要一如既往，不能变幻不定，只有这样才能在客户心目中留下深刻的印象，否则客户将会无所适从。

(五) 使用行业和客户熟悉的语言

会展营销要尽可能地使用行业和客户熟悉的语言，不要使用太抽象的描绘而影响客户对会展的认识和理解，也不要使用一些模棱两可的语句误导了客户对会展的期望。

(六) 不忽视内部营销

会展本质上是给客户提供一种服务，这些服务有许多是要通过会展的工作人员来完成的。因此，员工不仅要明白需要向客户提供哪些服务，还要明白应如何提供这些服务并努力提高服务的质量。会展营销不仅要面对会展以外的客户，还要面对会展的内部员工，要让员工明白会展对客户作出的各种承诺，并鼓励员工向客户提供高质量的服务来实现这些承诺。

第三章　会展营销计划与控制

会展营销是会展利用各种营销手段、渠道和模式将会展的有关情况展示给目标客户以及相关者的一个系统的过程。为实现既定的营销目标，必须在进行会展营销前制订好营销计划，并建立好营销组织来实施该计划；在进行会展营销时，必须结合环境的变化对会展营销进行必要的评估、管理和控制，以使营销资源与市场供需平衡、营销目标与环境相适应。

第一节　制订会展营销计划

一、会展营销计划的特点

会展营销工作是会展的"导航器"，它引导客户对会展的认知和了解，帮助会展与外界进行信息交换和沟通。会展营销是一个有目标的系统的过程，为更好地实现营销目标，很多会展都专门制订营销计划，并指定专门人员来负责。会展营销计划具有以下一些特点：

（一）整体性

会展营销服务于整个会展，有多重目标和具体任务，要处处注意会展的整体利益，不能因为要实现其中的某一个目标而妨碍其他目标的实现。

（二）阶段性

会展营销的四个目标和五个具体任务是随着会展筹备工作的进展和会展的实际需要而分步骤、分阶段地逐步实现的，会展营销的阶段性很强，会展发展到什么阶段就需要什么样的营销支持。

（三）超前性

会展营销的任务多，阶段性强，这要求在会展一开始筹备时就必须认真规划好会展营销工作，照顾到会展各方面工作对营销的需要，给会展以强有力的全方位的营销支持。

（四）协调性

会展营销是一种多媒体多渠道的营销，各媒体和渠道的营销计划安排，要求时间上要协调，口径上要统一，内容上要各有侧重，效果上要互相补充，这样，会展营销的作用才最明显。

二、会展营销计划的内容及流程

可见，在制订会展营销计划时，必须做到全面、系统、协调，并按会展筹备工作实施的需要来制订。制订会展营销计划的内容及流程有六个：营销环境分析、确定营销目标、确定营销组合、制订营销活动方案、编制营销预算、营销评估和控制。

（一）营销环境分析

就是立足于会展所具有的内部条件，对会展所面临的外部环境和竞争态势进行分析。通过对企业环境的分析，发现企业所面临的机会与威胁，找出企业的优势与劣势。具体的分析方法有：
（1）外部环境要素评价矩阵；
（2）"雷达"图分析法；
（3）产品评价法；
（4）内部要素评价矩阵；
（5）SWOT分析。

如市场环境。过去几年客户需求和参展（参会）以及观展方面的趋势；近年来同主题展会的举办场次、价格、获利水平等；竞争形势，应说明谁是主要的竞争对手，每个竞争对手在会展服务的特色、定价、促销、分销等方面都采取了哪些策略，各自的市场占有率及变化趋势。另外，还要做机会与威胁分析。机会指营销环境中对会展组织企业有利的因素，威胁指环境中对企业营销不利的因素。找出这些因素并分出轻重缓急，以便使其中较重要的因素受到特别的关注。评估环境机会可从两方面进行：一看其吸引力，即潜在的获利能力；二看成功的可能性。对环境威胁也可以从两方面进行评估：一是可能带来损失的大小；二是发生的概率。除了机会和威胁分析外，还有必要对本企业的优势和劣势作出分析。与环境机会和威胁相反，优势和劣势是内在因素，反映企业在竞争中与对手相比的长处和短处。然后，基于环境和竞争态势目前的状态，对未来的发展变化进行一系列的估计，以此作为会展制订营销计划的依据。

(二) 确定营销目标

确定营销目标就是要确定会展营销所希望实现的目标和要完成的任务。制订会展营销计划首先要确定营销的目标和任务是什么，这是营销计划的核心部分，将指导随后的策略和行动方案的拟订，否则会展营销就会变得无的放矢。

一般来说，确定会展营销目标可以发挥以下几方面的作用：

(1) 能让会展企业营销人员了解会展企业的营销总方向；

(2) 具体的营销目标有助于营销任务的分工，便于衡量营销计划的执行结果及各营销人员的工作成绩；

(3) 有利于利用会展企业所有管理人员提供的信息，提高其工作热情和积极性。

会展营销目标具有一定的阶段性，在会展筹备的不同阶段其主要任务也有所差别，如前期偏重于招展，后期偏重于招商等。

计划目标分为两类：财务目标和市场营销目标。财务目标主要由短期利润指标和长期投资收益率目标组成。财务目标必须转换成营销目标，如销售额、市场占有率、分销网覆盖面、单价水平等。所有目标都应以定量的形式表达，并具有可行性和一致性。

(三) 确定营销组合

每一目标都可以通过多种途径去实现，营销经理必须从各种可供选择的工具中作出选择，并在计划书中加以陈述。

市场营销组合工具可归纳为四个，即产品、价格、渠道、促销，其中每一个营销因素都包含有若干营销变量。由于会展营销兼具有形产品和无形服务的特点，与传统有形产品营销组合不同，会展营销还需根据实际情况考虑其他营销因素。各个营销因素是相互依存、相互影响、相互制约的。在进行营销决策时，不能孤立地仅考虑某一因素，因为单一因素并不能保证营销目标的实现。只有各个营销因素优化组合，才能达到预期目标。而且不同会展服务项目、不同市场、不同时期，其营销组合也会有差异。实质上，营销组合的差异是由消费者需要满足的性质不同决定的。

(四) 制订营销活动方案

有了营销策略，还要转化为具体的行动方案，即何时开始、何时完成、由谁做、将花费多少。这些都要按时间顺序列成一个详细且可供实施的行动方案。由于会展营销组合的因素和组合模式较多，因此相应的营销活动方案也较多，在列入计划前必须进行科学决策，比如会展宣传和广告活动方案、新项目开发行动、折扣促销方案、市场调研方案等。无论营销活动方案有多少种，其方案共同设计要素主要为活动的目的、项目内容、时间进度、预算、人员安排、负责人等。

(五) 编制营销预算

营销预算是编制企业预算的基础。营销预算编制的基本思路为：以会展企业的总体目标为前提，根据市场预测和以往预算基础数据及新增预算规模，经过综合平衡进行编制。编制营销预算包括预算总额和预算分配两项工作。主管部门负责该预算的审查、批准或修改，而一旦获批准，此预算即成为营销的费用依据。要特别重视实际支出，所谓实际支出就是要确定为了实现上述营销目标所需要的资金和人力等方面的支出。从国际经验看，会展一般会将收入的10%～20%拿出来作为会展营销的支出。

(六) 营销评估和控制

会展营销的效果可以分为即时效果、近期效果和远期效果。营销评估和控制就是评价会展营销的效果，即评估会展营销目标和任务完成的情况如何。

会展行业竞争激烈，在制订会展营销计划时，不能墨守成规，一成不变，而要不断适应市场变化的需要，以变应变，不断创新，以新的思路和新的手段来使本会展的营销工作既符合会展业的惯例，又与众不同，富有自己的特色，以便能在激烈的竞争中独树一帜，取得胜利。

三、会展营销计划的组织实施

会展营销计划制订出来并被认可以后，就要靠组织实施，这首先要有一个有效且符合市场导向观念要求的具体负责的部门、个人或行动小组，否则营销计划的实施就会出现这样或那样的问题或偏差，再好的计划也只能是纸上谈兵。而且，负责具体实施营销计划的部门、个人或行动小组，与会展其他部门之间的职责分工必须明确；同时，负责具体实施营销计划的部门和行动小组内部的人员之间的职责也必须明确。这样，才能权责分明。

现代理想的市场营销组织是经过长期演化而来的产物。从20世纪30年代销售部门在西方企业中处于无足轻重的地位，发展到今天具有如此复杂的功能，并成为企业组织中的核心部门，这期间可划分出五个阶段，以及与之相对应的五种组织形态。

(一) 简单的销售部门

一般来说，企业建立之初都是从生产、销售、财务、人事四个基本职能部门开始发展的。在这个阶段，企业通常以生产作为经营管理的重点，生产什么、生产多少及产品价格主要由生产和财务部门制订。销售部门通常是由一位销售经理率领几位销售人员，销售经理的主要职责是管理推销员，激励他们卖出更多的产品。这一阶段的企业营销组织结构如图3-1所示。

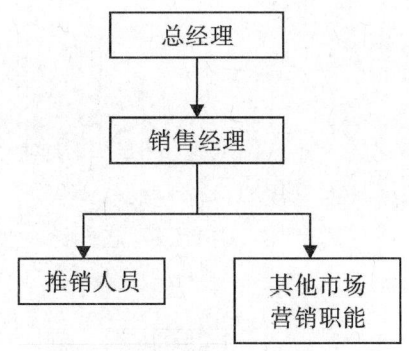

图 3-1　简单的销售部门组织结构

（二）销售部门兼营其他营销职能

随着企业规模的扩大，销售部门经常需要从事市场调查、广告宣传及顾客服务等方面的工作，此时，销售经理可聘用一位市场主管，计划、指挥、控制其他非推销职能，如图 3-2 所示。

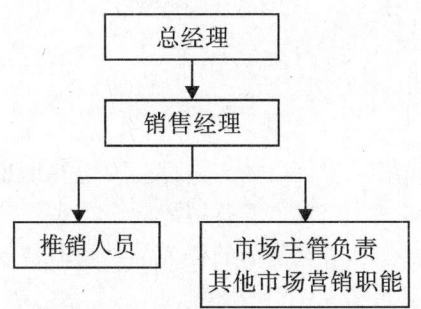

图 3-2　兼营其他营销职能的销售部门组织结构

（三）独立的市场营销部门

企业规模继续扩大，其他市场营销功能相对于推销工作来说更加重要了。最终，企业总经理看到了组建一个独立于销售部门的市场营销部门的必要。如图 3-3 所示。在这个阶段，市场营销和销售是公司中两个独立的、平行的部门。

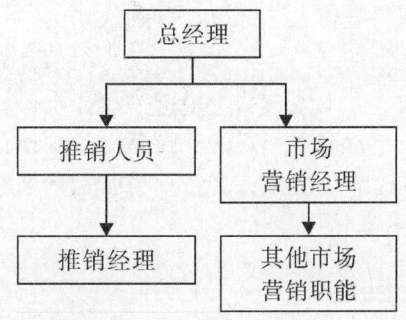

图 3-3　独立的市场营销部门组织结构

（四）现代市场营销部门

虽然销售和市场营销部门的工作目标一致，但平行和独立的部门关系又常使它们之间充满竞争和矛盾。如销售经理注重短期目标和眼前销售额，而市场营销经理注重长期目标和开发满足消费者长远需要的产品。由于二者之间冲突太多，最终导致公司总经理将它们合并为一个部门，如图3-4所示。

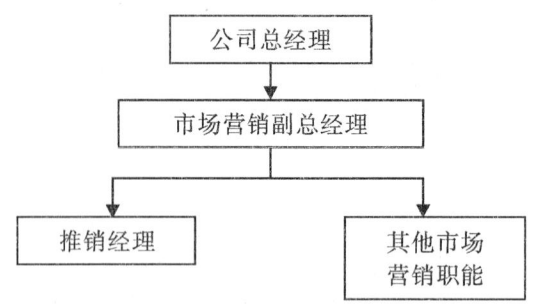

图3-4　现代市场营销部门组织结构

（五）现代营销公司

然而，一家企业即使设置了现代市场营销部门，也并不意味它就是以市场营销原理指导运行的公司。如果公司成员仍将市场营销等同于销售，那么它就还不是一家现代营销公司；只有当公司成员认识到所有部门的任务都是为消费者服务，市场营销不只是公司内某个部门的名称，而且是公司的哲学信条时，这家公司才能成为真正的现代营销公司。

总之，一个有效的会展营销组织，必须具备灵活性和系统性特征。所谓灵活性，即企业组织能够根据营销环境和营销目标、策略的变化，适应需要，迅速调整自己。一般来说，越是成熟的组织，由于经验和惯性的作用，越容易丧失组织的灵活性。为此，管理学家们也设计了种种模式，试图使营销组织成为具有适应调节功能的系统。所谓系统性，即企业的各个部门——研究、财务、人事及市场营销所属各部门，如市场调研、广告宣传、人员推销、实体分销等都能相互配合，具有整体协调性，为一个共同的满足顾客需要的目标协同工作，获得整体大于部分之和的效果。

在负责具体实施营销计划的部门、个人或行动小组与会展其他部门之间，以及在负责具体实施营销计划的部门、个人或行动小组的内部，都要建立起必要的流程和控制系统，这样才能减少内部环节，提高效率。为保持营销计划执行的连续性，不要随意更改或中断营销计划，也不要临时仓促决策，要在保持营销计划有一定弹性的同时尽量不破坏营销计划的连续性。

第二节　实施会展营销控制

市场营销控制就是根据市场营销计划执行情况的检查和实施情况作出必要的调整，以更好地实现已定的营销目标和任务。例如，一个企业为了达到一定的市场份额，规定了顾客渗透率必须在60%以上。在检查过程中，企业如果发现顾客渗透率为55%，就应进一步调查为什么会失去一些顾客，并采取相应措施。在这个例子中，达到预期的市场要求就是组织的营销目标；对市场渗透率进行控制检查的目的是为了实现组织目标；为实现组织目标所采取的各种调整措施就是控制活动。

一、营销控制的必要性

（一）环境变化的需要

控制总是针对动态过程而言的。从营销管理者制定目标到目标实现通常需要一定的时间，在这段时间内，企业内外部的情况可能会发生变化。尤其是在当今复杂而动荡的市场环境中，每个企业都面临着严峻的挑战，各种变化都可能影响企业已定的目标，甚至有可能需要重新修改或重新制订更符合新情况的目标。而一个高效的营销控制系统将有助于管理者看到形势的变化，并在必要时及时对自己的目标和计划作出必要的修正。一般来说，目标的时间跨度越大，其控制也越重要。

（二）需要及时纠正执行过程中的偏差

在计划执行过程中，难免会出现一些小偏差，犯些小错误。尽管这些小错误一时不会对企业造成很大的破坏作用，但随着时间的推移，小错误如果没有得到及时纠正，也可能逐渐累积成为严重问题。营销控制不仅是对企业营销过程的结果进行控制，还必须对企业营销过程本身进行控制，而对过程本身的控制系统、及时，发现并纠正小的偏差，以免积重难返给企业造成不可挽回的损失。

控制与计划既有不同之处，又有密切的联系。一般来说，第一步是制订计划，然后是组织实施和控制。但从另一个角度来说，控制与计划又是紧密相连、循环往复的。控制不仅按原计划目标对执行情况进行监控，纠正偏差，在必要时还将对原计划目标进行检查，判断其是否合理。也就是说，要考虑战略计划本身的修正，从而产生新的计划。

二、营销控制程序

有效的营销控制虽然十分必要，但是许多企业并无适当的控制程序。国外一项对不同行业75家规模不一的公司所作的调查报告发现，几乎有一半公司无法将其价格与竞争者进行比较，无法分析仓储和分配费用，无法分析退货原因，无法对广告有效性进行正式评价和检查推销人员的访问报告等。营销控制是一个颇为复杂的过程，不同的企业其营销控制的类型和程度也各不相同，但是一般的控制程序都有如下四个基本步骤（见图3-5）。

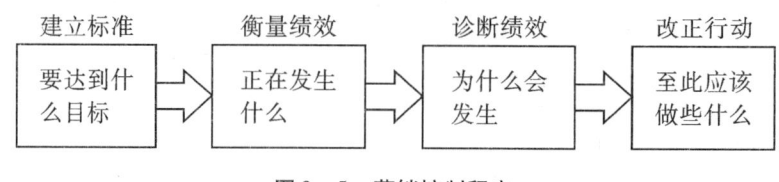

图3-5 营销控制程序

（一）建立标准

营销控制过程的第一步，就是确定控制标准，即确定这一行动的预期目标是什么。如规定某次会展参展商数目要占到全部厂商的百分比、来自某一地区的参展商数目每年应增加的百分比，等等。为了便于衡量实际结果，衡量标准应尽可能具体。

营销控制的制订应切合企业实际，同时也应考虑激励作用。制订标准还需考虑因会展主题、地区、竞争情况的不同，其衡量标准也有所不同，不能要求两个市场潜力不同地区的推销员创造同样的销售额。此外，控制标准还应允许有一个浮动范围，如规定每次访问一个客户的费用标准为100元，最高不得超过110元，等等。

（二）衡量绩效

衡量绩效就是将控制标准与实际结果进行比较。实际结果如与预期标准相符，甚至优于预期标准，则应总结经验，以便继续发扬；实际结果若未能达到预期标准，则应进入下一步，找出问题的症结。

（三）原因诊断

对实际结果与预期标准发生偏离进行诊断，即找出产生偏差的原因，是有效控制过程中的重要环节。产生偏差通常有两种情况：一是实施过程中的问题（这种偏差比较容易分析）；二是计划本身的问题（确认这种偏差相对比较困难）。例如，某企业的营销员完不成预定的目标，原因可能是工作不卖力或者不够灵活，也可能是由于销售指标定得过高。在实践中，造成偏差的原因往往是复杂多样的，如营销员素质不高和销售目标不切实际可能同时发生作用，甚至除了这两个原因之外，还有其他因素，如广告费支出不足、产品缺乏吸引力，等等。因此，营销经理必须综合考虑各种因素。

（四）改正行动

在查明产生偏差的原因以后，应采取相应的改正行动。一般来说，可以根据诊断的情况分别采取下列三个措施。

1. 维持原来的标准

一般而言，当实际结果略超过或基本达到原定标准时，则不应对原定目标或衡量标准进行改动。例如，原定计划要求降低营销成本3%，而实际结果为3.3%或2.9%，这说明计划是可行的，实际绩效也是不错的，应继续按原计划进行下去，不用作任何调整。

2. 纠正偏差

如果原定降低成本3%，而实际降低了1.5%的话，就必须采取相应的措施，例如减少广告开支，或者缩减销售队伍等。

3. 改变原定的计划或标准

如果大多数营销员都大大超过原定的销售目标，就意味着这个标准可能定得太低；相反，只有一两个人能达到，而大多数营销员无法完成，则说明这个销售标准可能定得太高了。当出现上述情况时，营销经理就应根据实际情况对原定标准作出适当的改动。当然，有时候原定标准本身是合理的，只是由于环境发生了意想不到的变化，才使原来合理的标准变得不合理了。

三、会展营销进度控制

除控制营销目标和任务外，对会展营销进度的控制也很重要。会展营销进度控制通常通过营销进度计划表来进行。营销进度计划表是会展营销的时间进度安排表，它对会展营销工作及其要达到的效果进行统筹规划，事先安排好什么时候该开展什么样的营销活动、采取什么样的营销措施、到什么阶段营销工作要达到什么样的效果、完成什么样的任务等。对会展营销进度进行控制，关键是要对会展的招展营销进度、招商营销进度和整体营销进度进行控制。

（一）对招展营销进度的控制

招展是展会策划和筹备的核心工作，能否在预定的时间里顺利完成招展任务是展会能否成功举办的关键。如果招展不成功，展会势必难以顺利地如期举行。然而，展会招展不是一蹴而就的，是要经过多次反复、多次邀请才能完成的工作。会展企业必须对招展工作在时间上进行合理安排，并在时间上对展会招展进度进行有效的监督和控制，合理把握展会招展工作的启动时间，加大招展力度的时间和应该调整招展策略的时间，保证在展会预定的开幕时间之前圆满完成展会的招展任务。

由于市场情况的不断变化，客户信息的不断更新，展会的招展工作一般很难像当初计划的那样顺利，因此，会展企业应该按目标参展商招展效果和展位划出数量对招展进行全程监控。招展方要将有关目标参展商的名单一一列出，将每次与各目标参展商的联系及对方的信息反馈情况记录在案；并绘制"展位分布平面图"，将已经被参展商租用的展位用不同的颜色标出,标明租用该展位参展商的名称。同时掌握目标参展商参展和展位划出情况,与招展进度计划对比,分析招展任务完成的情况,指定进一步的招展策略以控制招展的时间。

对会展的招展营销进度的控制是通过招展营销进度计划表(见表3-1)来进行的。会展招展营销进度计划表是在会展招展工作开始实施之前,就对招展工作及其要达到的效果进行统筹规划,事先安排好什么时候该开展什么样的招展营销活动、采取什么样的招展营销措施、到什么阶段招展工作要达到什么样的效果及完成什么样的任务等。有了招展营销进度安排,就可以对会展招展营销工作进行总体控制和监督,以便及时对照检查,发现问题、调整策略,使招展营销工作能更顺利地完成,从而保证会展成功举办。

表3-1 会展招展营销进度计划表

时间	招展措施	营销支持	计划完成的招展任务

(二) 对招商营销进度的控制

对会展招商营销进度的控制是通过招商营销进度计划表(见表3-2)来进行的。会展招商营销进度计划表,就是在会展招商工作开始实施之前,就对招商营销工作及其要达到的效果进行统筹规划,事先安排好什么时候该开展什么样的招商营销活动、采取什么样的招商营销措施、到什么阶段招商营销工作要达到什么样的效果、完成什么样的任务等。

会展招商营销工作是一项阶段性和时间性都很强的工作。一方面,当会展筹备工作进行到不同的阶段时,就要相应采取不同的招商营销措施予以配合,不然招商的效果就会不太理想;另一方面,会展招商营销工作要非常注意时间安排的合理性和配套性,注意到什么时候做什么事,如果时间安排不合理,招商营销工作将难见成效。

表3-2 会展招商营销进度计划表

时间	招商措施	营销支持	计划达到的招商效果

会展招商工作既独立于会展招展工作,又受会展招展工作的影响。有了会展招商营销进度计划表,不仅可以有条不紊地按计划开展招商营销活动,并及时对各阶段的招商营销效果进行检查,还可以进一步增强会展招商工作的独立性和计划性,排除其他因素的干扰,对会展招商工作进行总体控制和监督,以便及时对照检查,发现问题,调整策略,使招商工作能更顺利地完成,从而保证会展开幕后有足够的观众到会参观。

(三) 对会展整体营销进度的控制

对会展整体营销进度的控制是通过会展整体营销进度计划表(见表3-3)来进行的。会展整体营销进度计划表,是为配合会展筹备、招展和招商等工作的需要而对会展的整体营销工作及其要达到的效果进行的统筹规划和事先安排。它计划好到什么时候该开展什么样的营销活动、采取什么样的营销组合、达到什么样的营销效果等。

会展整体营销工作是一项计划性和系统性都很强的工作。一方面,要密切配合会展筹备、招展和招商等工作的展开,必须事先严密计划,精心安排;另一方面,要非常注意时间安排的系统配套性,否则营销将难见成效。

会展整体营销服务于会展筹备、招展和招商等工作,并且受它们的影响很大;会展整体营销进度计划的制订处处要考虑到它们的需要,要与它们的进度相配合。但是,会展整体营销又独立于会展筹备、招展和招商等工作,除了上述需要以外还肩负着树立会展良好形象、深化会展竞争优势、支持会展代理的工作和引导会展内部员工等任务。会展整体营销计划一旦制订,除非中途出现重大变故,否则就不轻易改变。这样,它就可以排除其他因素的干扰,对会展整体营销进行总体控制和监督。

表3-3 会展整体营销进度计划表

时间	营销组合	营销措施	计划达到的营销效果	费用预算	备注

四、会展营销绩效衡量

面对经常变化的环境和竞争形势,会展要及时对营销的实际效果进行评估以发现问题,及时调整营销策略,确保营销目标的最终实现。从时间上看,会展营销的效果可以分为即时效果、近期效果和远期效果。对这些效果的评估,可以从客户反应、营销传播、目标达成率、效果递进率和战略影响等五个方面来进行。

（一）客户反应

主要通过观众和参展商等客户对会展营销的反应和信息回馈来评估会展的营销效果。例如，从对目标客户的调查可以了解营销的方式、策略和组合是否有效，从对参展商的调查可以了解会展观众邀请的效果如何等。客户的反应能真实地说明营销的实际效果，这种评估办法经常采用问卷调查、结果调查表调查等方式进行。

（二）营销传播

就是从信息传播的角度对会展营销的实际效果进行评估。会展的各种信息只有通过一定的渠道和载体传播到目标受众那里，这些信息才可能被目标受众所了解。从这个角度，可以使用信息接收率、信息注意率、信息阅读率和认知率等指标来评估营销的传播效果；用销售增长率、广告增销率、广告费占销率和单位广告费收益等指标来评估营销的促销效果。如果这些指标的数值较高，说明信息传播的效果较好，否则就要采取补救措施。

（三）目标达成率

营销目标是会展营销活动所要努力的方向，对会展营销目标实现程度进行评估可以最直观地了解会展营销的效果如何。在评估时，可以使用招展或招商目标达成率、会展营销能力目标达成率、会展对环境的适应目标达成率等指标进行。不过，由于环境的不断变化，在使用目标达成率评估标准时，不仅要注意扣除因环境变化而减少的目标值，也要加上因环境变化而增加的目标值。

（四）效果递进率

在会展营销活动中，营销的实际效果有时候并不一定完全反映在一定时期的营销业绩上，例如，这一届会展的有效营销策略不仅对本届会展有用，在下一届会展时它可能还在起作用。使用营销效果递进率可以动态地反映会展营销的这种营销业绩，也可以动态地对会展营销的实际效果进行评估。

（五）战略影响

评估会展营销的效果，不仅要从上述微观的角度来评估，还要从营销活动对会展的宏观影响的角度来评估。从宏观角度评估营销效果，可以弥补微观评估的视角较窄的弊端，有利于会展将自己的营销活动与同行进行对比，从而发现问题并改进营销。评估营销的战略影响，可以对会展营销理念的先进性和会展竞争能力的变化进行评估，并使用会展知名度、美誉度和品牌忠诚度等指标来综合进行。

第四章 会展环境信息调研

第一节 会展环境信息的含义及调研的重要性

一、会展环境信息的含义

任何会展活动都是在特定的环境下展开的,这些会展企业赖以生存和发展的客观条件构成了会展营销环境。会展企业在整个会展活动过程中都不断地与特定的环境发生能量、信息和物质的交换,并且受到环境各种不可控制或难以控制的因素和力量的影响。在激烈的行业竞争中,善于适应环境变化的会展企业才能生存和发展;不能适应环境变化的会展企业必将被淘汰。

会展营销环境由影响会展企业营销管理能力的会展营销宏观环境和会展营销微观环境共同构成。微观环境也称会展直接营销环境,包围着会展企业的营销活动,直接影响与制约企业的营销能力,包括企业、顾客、竞争者以及社会公众等要素。宏观环境则要通过会展微观环境为媒介才能作用于会展营销活动,包括人口、经济、政治、法律、科学技术、社会文化等要素。会展企业必须千方百计地将微观环境要素与宏观环境要素协调起来,达到会展营销环境的动态平衡,以更好地满足目标市场需求,从而实现会展营销的可持续发展。

目前,人类社会已经进入信息化社会。对于会展企业而言,市场竞争的日趋激烈以及竞争环境的不确定性使得会展策划与营销活动越来越依靠信息,会展企业要在日益严峻的市场环境中求生存、谋发展,就必须尽量获取及时的、较为充分的信息,建立较为有效的信息系统。菲利普·科特勒就曾说过:"要管理好一个企业,必须管理它的未来,而管理未来就是管理信息。"会展企业不能改变所处的政治和法律环境、社会文化环境、人口环境,但是可以通过市场调研取得信息,调整企业内部营销力量以适应外部环境。

二、会展环境信息调研的重要性

会展环境信息调研是指用市场调查的方法和手段,对与本会展项目相关的会展市场信息进行系统的搜集、整理、分析和评价,从而掌握会展市场的历史和现状,以便为会展企业的预测和决策提供基础性的数据和资料。

（一）会展环境信息调研

会展环境信息调研是会展项目成功举办的基础和先决条件，在会展营销活动中扮演着极为重要的角色。一项大型会议或展览，从选题确定、立项策划，到展位定价、招展招商，再到会展服务全过程都离不开广泛、深入的信息调研。因此，在国外，会展企业、行业协会或政府部门都对会展营销调查工作十分重视。正如美国 Red Bank 展览调查公司首席运营官 Skip Cox 先生所言："越来越多的会展公司意识到，要想在竞争激烈的领域取得更大成功，需要通过市场调研来帮助自己做出更好的决定。"根据美国 Frost Miller 集团和 Jacobs Jenner & Kent 公司联合主持的第三届参展趋势调查（针对贸易展会组织者）结果，那些广受欢迎的展会开展调研的频率是普通展会的四倍。

会展环境信息调研可以从以下三方面理解：

（1）会展环境信息调研是一个动态过程，旨在为处在动态市场竞争环境中的会展主办方制订营销决策提供依据。

（2）会展环境信息调研的成果既可以是直接的调研统计数据，也可以是市场调研分析报告，在实际工作中后者往往居多。

（3）会展环境信息调研必须有明确的调查目的，利用特定的调研方法与手段，以取得调查结果的客观性和准确性。

（二）会展环境信息调研的重要性

会展环境信息调研的重要性也可从以下三方面把握：

1. 有助于会展企业了解市场态势和发现市场机会

为了使会展客户得到高品质的服务和最大限度的满意，会展企业每做一个决定都需要进行广泛的调查，好的会展产品和好的会展营销计划需要以对客户需求的全面了解为前提。会展市场是瞬息万变的，而会展环境信息调研作为一种管理工具，它强调会展企业在整个营销过程中时刻都要注意了解市场动向，把握机会，及时发现会展营销中的失误，随时改进会展营销活动，以更好地满足参展企业的需求。因此，会展企业通过调研，可以及时了解会展市场发展态势，了解有关竞争者，掌握会展营销环境、会展市场需求状况和其他各种市场因素的实际情况，把握有利于企业自身发展的市场机会。

2. 有助于会展企业进行科学决策

我国企业对信息调研缺乏必要的认识，对市场的认识与把握不足。会展企业经常因为缺乏市场环境信息调研，采取一些盲目的营销行为，结果造成巨大的经济损失。有效的会展环境信息调研能够及时、准确和充分地提供会展情报，有助于企业分析和研究营销环境状况及其变化，从而有预见地安排会展营销活动，减少决策风险。对会展企业营销决策的实施情况进行调研，也有利于对会展营销决策的得失作出客观的评价并提出正确的建议。

3. 有助于会展企业完善市场环境信息系统

会展环境信息调研，是对会展市场相关信息进行广泛深入的调查与分析的过程。因为会展市场环境信息调研是一项基础性的长期工作，可以系统、持续地搜集大量有价值的信息。这些信息被输入环境信息系统后，可以使信息系统的内容日益充实与完善，从而可以更好地为会展企业及区域会展业的发展服务。

第二节 会展环境信息的构成

会展营销的环境相关数据，包括宏观环境信息和微观环境信息。会展营销活动处于动态变化的市场环境之中，营销环境既能为展会带来市场机会，也可能造成潜在威胁。对会展公司而言，持续不断地观察与适应变化着的市场环境是非常重要的。

一、外部社会环境信息

外部社会环境信息是会展企业所在的国家或地区以及企业的主要目标顾客所在的国家或地区与会展业的发展有直接关系或间接关系的信息，包括政治环境、经济环境、法律环境、社会文化环境、科学技术环境等领域。由于会展活动属于经济活动，所以将经济环境单独列出来。

（一）政治环境

政治环境包括会展企业所在国以及主要目标顾客所在国双方的政治制度、政治体制、对外政策、国际政治环境、居民的政治文化心理以及两国之间的政治关系。国内的政治形势直接或间接地影响国内会展业的发展环境和企业的展览需求。在国内，安定团结的政治局面不仅有利于经济发展和人民货币收入的增加，而且影响群众的心理预期，导致市场需求的变化。党和政府的方针、政策规定了国民经济的发展方向和速度，也直接关系到社会购买力的提高和市场消费需求的增长变化。在国外，两国之间的关系以及国际政治形势主要作用于国际性的展览和会议。企业要对国际政治环境进行分析，了解政治权力与政治冲突对企业营销活动的影响。政治权力对于市场营销的影响往往表现为由政府机构通过采取某种措施约束外来企业或其产品，如进口限制、外汇控制、劳工限制、绿色壁垒等。政治冲突是指国际上的重大事件与突发性事件。这类事件在以和平与发展为主流的时代从未绝迹，对企业市场营销工作的影响或大或小，有时带来机会，有时带来威胁。

我国对外开放的步伐加快，与世界各国特别是与周边国家的外交关系是新中国成立以来最好的时期，与世界上很多国家之间的政治关系良好且稳定，中国的国际形象正处于不断上升阶段。加之中国会展业的巨大市场前景，有利于国际性大型展览活动的举办。近年来，我国会展业的发展状况有力地证明了这一趋势。例如美国的励展公司，德国的法兰克福公司、柏林国际展览公司、美沙集团和美习会展服务公司，新加坡环球展览公司，日本的 CS 会展服务公司，以及英国的 ITE 和 Miller Freeman 公司都已进军中国会展业市场。德国法兰克福展览公司把已在本国举办多年、效果显著的国际纺织面料展览会等一批著名的专业展览会转移到北京。2001 年 10 月汉诺威展览公司把国际信息和通信技术领域最大的 CE-BIT 展览会转移到上海举办。汉诺威、慕尼黑、杜塞尔多夫三大德国展览公司合作成立了专门的德国国际展览有限公司，并与上海浦东土地（控股）公司共同投资，建造总投资额达 9900 万美元、总建设规模 20 万平方米的上海新国际博览中心。

（二）法律环境

法律环境指具有强制性的，对举办展会产生影响的相关政府和立法机关的政策、法律、管理条例等。法律环境对市场消费需求的形成和实现具有一定的调节作用，是会展企业需要了解和执行的。会展企业研究并熟悉法律环境，既可保证自身严格依法管理和经营，也可运用法律手段保障自身的权益。我国为规范会展业发展，曾先后颁布了《在国外举办经济贸易展览会的审批管理办法》、《在祖国大陆举办对台湾经济技术展览会暂行管理办法》、《大型出国经贸展览活动管理办法》等法律法规。2006 年商务部、工商总局、国家版权局、国家知识产权局联合发布《出国展览保护知识产权工作方案》，并于 2006 年 3 月 1 日实施。2007 年 1 月 1 日商务部正式颁布了有关会展业的管理政策《商务部举办展览会管理办法（试行）》并开始实施。该政策的出台有利于进一步净化展览业市场环境，推动展览业从无序走向规范。另外，政府还针对举办展会的消防、安保、工商管理、产品进出口、知识产权保护等方面制定了很多相关的法律，如《广告法》、《反不正当竞争法》、《专利法》等。

若承办国际性的展览会和展销会，还需要关注双边和多边的有关公约和协定。我国由于会展业的起步比较晚，在会展立法方面相对较弱，法律法规不很健全，有的企业对于已经公布实施的法律法规也不全力遵守。最近几年来，我国的会展业发展迅速，国际性的大型展览业务大大增加，会展企业需要关注国际上相关国家的相关法律法规。会展企业尤其是经营国际会展业务的企业必须对会展业的国际法规如《国际展览会公约》、国际惯例和准则，以及有关国家的法律制度进行学习和研究，并在实践中严格遵循。例如德国的展览业管理机构 AUMA（德国展览委员会）对展览会的管理制订了各种措施：保护名牌展览，对展览名称予以类似商标一样的保护以制止展览会雷同和"撞车"；在网站上发布相关规则，严厉打击对展览业常见的产品外观、流程及品牌被拷贝等知识产权的侵权现象；在章程中指出，将对展览会的类别、展出地、日期、展期、周期等方面进行协调，以保护参展者、组织者和观众的利益。

就法律法规对会展业务的具体影响而言，主要体现在三个方面：一是通过对国内外企业参展意愿和参展行为的影响来间接影响会展；二是通过对会展组织方式等的约束来直接影响会展；三是通过对会展举办单位的市场准入的限制来影响会展。国家法律法规对举办会展的三个方面的影响不是截然分开的，很多时候是同时发挥作用。

以下几个方面的法律法规对会展企业有着直接的影响，需要特别关注：

1. 市场准入规定

该规定包括两个方面，一个是对举办会展的企业或机构的资格的审定，另一个是国家对外资进入该产业的政策规定。前者对企业能否举办会展将产生直接的影响，后者不仅影响到海外企业的参展意愿和参展行为，也同样影响到国内企业。

2. 产业发展规划

产业发展规划是指国家和地方政府对某一产业的发展所作的长远和宏观规划。这种规划在某种程度上决定着该产业在今后较长时期内的发展状况和发展趋势。一般来说，在新兴产业和政府规划为重点发展的产业里举办会展，其发展前景比较看好。另外，产业发展规划和政府的产业政策密切相关，不仅从宏观上影响着会展，也从会展的具体操作方式上影响着会展。

3. 海关有关规定

海关有关规定主要是指针对某一产业的货物进出口政策、货物报关规定和关税等，这些规定对海外企业参加会展将产生重大影响。货物进出口政策直接影响海外企业的参展意愿，例如，如果一国禁止或限制某类产品的进出口，那么海外企业不管是参展还是参观会展的意愿都将非常低。货物报关规定直接对会展的具体操作产生影响，比如，如果报关手续复杂，那么会展的筹备期就势必要提前；关税水平的高低对海外企业参展的影响也较大，较高的关税会阻碍企业参展，较低的关税则对吸引海外企业参展较为有利。另外，海关针对参展商品的专门规定也是举办国际性展览会所必须要了解的内容。

4. 其他相关规定

由于举办会展涉及多种产业，因此政府对交通、消防、安全等其他有关行业的规定，也会对展会产生这样或那样的影响。会展企业在策划举办展览会之前，对这些规定也要有所了解。

（三）社会文化环境

社会文化是人们在社会生活中形成的基本信仰、价值观念和生活准则。每个社会、每个国家都有与之相适应的文化。它是每个社会历史实践中物质文化与精神财富的总和，包括语言知识、文化教育、伦理道德、宗教信仰、风俗习惯等。正是这些因素影响参展者和参观者对展览会的招展、布展、物流、餐饮、住宿、旅游、展览品、入出境手续等方面的需求，同时也影响会展企业的行为，尤其是经营管理方面的行为。

据权威部门预测，休闲是未来全球经济发展的第一推动力，将在人类生活中扮演更为重要的角色。到2015年前后，发达国家将全面进入休闲时代，先进的发展中国家将紧随其后。休闲消费是指人们在休闲活动中物质与精神产品的消费，是现代生活方式的标志之一。"休闲"一词在希腊语中为"schole"，而在拉丁文中则是"scola"，两者都和英文"school"（学校）一词同源。在古代西方历史上，"school"一词原本不是指学校,而是指人们从事休闲娱乐活动和学习活动的场所,在古希腊,教育是人们休闲的重要内容。19世纪,工人们在工作一天以后,根本没有时间参与各种形式的休闲娱乐活动。20世纪中后期以来,随着社会公众经济收入出现的较大增长和工作、生活环境的日益改善,休闲才成为社会各阶层人们普遍享有的社会权利。我国2000年开始推行"黄金周"休假制度,使得人们的休闲时间增加,休闲意识形成,一种新型的消费方式——休闲消费在我国开始出现。2008年我国发布了《职工带薪年休假条例》并修订原有"黄金周"休假制度,使得休假时间分布得更为合理,进一步促进了休闲消费的发展。我国居民在传统"重积累轻消费"的经济伦理观念下产生的"消费悲观预期"被休闲消费打破。越来越多的国民尤其是年轻一代开始增加在休闲消费上的投入,以旅游业、传媒业、娱乐业为龙头的商业休闲业和以文化教育休闲、慈善事业为代表的高品位公共休闲业都得到不同程度的发展。

(四)科学技术环境

当今世界,技术的发展日新月异,利用新技术、新工艺、新设备等能改善会展的设施设备能使以前不能实现的展览项目得到开展,能使生态环境的改善具备技术保障。

科学技术是第一生产力,科技的发展对会展业的发展也有着巨大的影响。

首先,现代科学技术的发展早已摆脱传统的"个体创造"时代,进入团体合作、区域合作、国际合作的阶段。因此,众多的科技工作者需要一种形式来获取信息、交流成果、开拓研究思路,这就促使各国频频举办大型的国际性科技会议。每年国际上举办的科技类会议远远多于其他类型的会议,因此,可以说是科学技术和人类社会发展的共同需要推进了会展业的发展。

其次,在提高会展业的质量方面科学技术同样功不可没。以世博会为例,在世博会上展出的往往都是世界各国在政治、经济、文化尤其科技上的发展成就。早在1851年首届世界博览会——大英万国工业博览会中,就展出了一系列工业革命带来的经济成就和先进的工业品,如自动链式精纺机、大功率蒸汽机、轨道蒸汽牵引机、高速汽轮船等。此届世博会还展出了一个现代化大规模工业生产技术的结晶,就是由30万块3.05米(10英尺)×14.93米(49英尺)长方形的玻璃砖构成的"水晶宫"。在随后的世博会上几乎都展出了当时最新的技术发明和创造,如1855年巴黎世博会的埃菲尔铁塔,1893年美国芝加哥世博会直径达76.2米(250英尺)、可同时容纳1440人娱乐观光的费尔斯转轮,1876年费城世博会和1878年巴黎世博会上分别展出了爱迪生发明的电报机、话筒、留声机和用钨丝制作的白炽电灯等。

再次,科学技术的进步促使会展业向多元化发展迈进。伴随着电子商务和B—B(网络贸易市场)的发展、IT技术和网络技术进步,"网上会展"已在会展业中异军突起。这种被称为"永不落幕的会展"不仅能够突破现场会展时空上的局限在互联网上实现会议、展览的举办,而且使得客户双方长期时时保持接触,能够更快捷、更深入地增进了解,从而增加贸易机会;同时为传统实物会展提供人性化的增值服务,实现优势互补。

二、外部经济环境信息

（一）宏观经济

经济环境直接影响会展企业的发展环境。当宏观经济处于衰退期时，购买者的收入水平一般会有不同程度的下降，这就不可避免地限制了人们的购买力，其中对高档耐用消费品的限制作用更为明显，从而在一定程度上影响此类产品的生产和展览。当宏观经济处于上升阶段时，经济发展呈现良好的发展势头，就业前景看好，人们的收入水平会有一定程度的提高，最为关键的是消费者的收入预期通常比较乐观，从而增强了人们的消费欲望，改变了人们的消费观念；同时提高了投资者的投资信心，使经济呈现扩张的趋势，各种各样的商品展览会、展销会也随之火爆，刺激会展经济的发展。宏观经济环境对会展业的影响还包括产业结构的调整、地区经济的发展状况等因素。

在现代经济中，世界上大多数国家在鼓励会展业的发展，我国也推出了一系列有利于会展业发展的经济政策。地区经济的发展状况对会展业发展的影响非常直接，通常情况下，地区经济的发展程度、开放程度越高，该地区会展业的发展越具有优势。另外，失业、通货膨胀、利率、汇率、财富分配等经济因素，也会不同程度地影响会展业的发展。

（二）会展题材所属产业

这里所称的"产业"，是指举办展览会的产业或行业。产业发展状况和产业的性质是影响一个会展能否成功举办的重要因素。根据国际会议协会（ICCA）2000年统计，各产业召开国际会议从专业上划分，所占的比例从高到低依次是医学类（32%）、科学类（13.6%）、工业类（8%）、技术类（7.4%）、教育类（4.7%）、农业类（4%），然后是社会科学、经济教育、商业管理、生态环保等。产业不同，举办展览会的策略和办法也不一样。从宏观角度看，搜集产业信息，可以分析在该产业举办展览或会议的可能性以及产业给展会提供的可能的发展空间；从微观角度看，对会展企业的会展活动主题选择、会展项目立项、策划乃至具体的展览活动的安排都有重要的参考意义。

就产业信息方面具体来说，需要搜集下列信息：

1. 产业分布

产业分布包括产业结构和产业布局。了解产业的分布状况十分重要，因为它与以后会展的招展和宣传推广策略的制订密切相关，是以后制订会展招展招商和宣传推广策略的基础，否则上述策略的制订就会无的放矢，不具备可执行性。了解产业的分布状况，不仅要了解该产业的产品主要是在哪些地方生产，每个生产地在该产业的产品生产中所占的比例，也要了解该产业的产品主要在哪些地方销售，每个销售地在该产业的产品销售中所占的大约比例，还要了解每个地方生产和销售的产品的种类、特色及档次如何等。只有了解了这些信息，以后的招展、招商和会展宣传推广策划才会有可靠的依据。

2. 产业规模

产业规模主要是指该产业的厂商数量、生产总值、销售总额、进出口总额和从业人员数量等，这些信息是策划举办会展时需要参考的重要数据。例如，了解产业的生产总值和销售总额可以为预测会展的规模提供依据，了解产业从业人员数量可以为预测会展的到会专业观众数量提供参考。某一产业的市场规模的大小，会对在该产业内举办的会展的规模产生直接的影响。如果规模过小，举办该产业题材的会展就会失去市场基础，很难举办成功。但由于产业规模不是一成不变的，产业规模的扩张与收缩会影响到会展规模的扩张与收缩，如果市场规模缩减过快，那么会展规模也将会在较短的时间内很快缩小。当市场规模缩减到一定的程度时，会展也就失去了继续存在的基础。所以，会展企业在搜集产业规模的相关数据时，不仅要搜集产业规模的现有数据，还要对产业规模在未来的扩张与收缩趋势作出预测，以便为会展制订长期发展策略提供参考。

3. 产业竞争态势

市场竞争态势会对企业的参展意愿产生重要的影响。市场竞争态势是指产业内部企业之间的竞争关系以及政府对该产业的控制力和影响力如何。不同的市场竞争态势对展览会的影响是不一样的，例如市场垄断性较强的产业，不管这种垄断性是来自产业本身还是来自政府的政策，产业内企业通过参加展览会的方式来营销自己产品的积极性就较小，在该产业内举办展览会的难度就较大；市场竞争较自由的产业，产业内企业通过参加展览会的方式来营销自己产品的积极性往往较大，在该产业内举办展览会就较容易成功。在具体调查产业市场竞争状况时，还要注意摸清楚该市场的归属，即它是属于买方市场还是卖方市场，而处于买方市场状态的市场往往更适合举办会展。

4. 产业性质

一个产业的发展，一般要经过一个从投入、成长到成熟、衰退的过程。产业性质的调查，就是通过了解当前产业发展的水平，明确产业处于其生命周期的哪一阶段，以确定会展项目的生命力。处于投入期的产业由于刚刚起步，企业有限，市场不大，举办展会往往较难获利；处于成长期的产业，由于市场扩张快，企业数量不断增多，市场对该产业的产品和该产业对相关设备的投资需求较大，企业赢利性好，较适合举办会展；处于成熟期的产业，由于市场竞争激烈，企业数量较多，很多企业在为自己的产品寻找销路，也比较适合于举办会展；处于衰退期的产业，由于企业数量在不断减少，企业赢利性较差，市场容量收缩，较难举办会展。

5. 产品销售方式

一般而言，适合举办会展的产业都是那些主要以"看样成交"为主的行业，以及那些对产品的外观设计和款式比较看重的行业，常见的如时装、各种日用消费品、农产品等。如果产品主要是看说明或图纸成交，则该产业举办展览会的空间就较小。另外，产业的产品销售渠道模式及其成熟度对举办展览会的影响也比较大。比如，如果某产业产品的批发渠道比较发达，大型批发市场较多，则在该产业内举办展览会就会遇到很大的困难；再比如，如果某产业的销售渠道比较成熟，各企业的销售渠道已经自成体系，则展览会招展也比较困难；另外，有些产业产品的订货和销售的季节性都很强，在这些产业里举办展览会，最好结合产品订货和销售的季节性来确定展览时间，忽视了这种季节性，会展就很难成功。

6. 行业协会状况

产业内是否存在行业协会和行业协会在产业内的号召力如何，对展览会举办的成功与否都有较为重要的影响。如果产业内存在行业协会，则意味着该产业内有一些较统一的行业规范和行业管理，产业内的企业行为和市场行为会受到某些条例的约束；否则，市场会较为无序。另外，如果行业协会在产业内有较大的号召力，则行业协会对某一展览会的评价或看法会对企业的参展意愿和参展行为产生较大的影响；反之，其对企业的参展意愿和参展行为的影响就会微不足道。可见，策划举办一个展览会，对该产业内的行业协会状况的了解是十分必要和有用的。了解行业协会后，进而想办法取得该行业协会的支持，并进一步与该行业协会合作，这样将有利于展览会的成功举办。

7. 市场发展趋势

市场发展趋势直接影响到会展未来的发展前景。了解某一产业的市场发展趋势，就是要在了解该市场的现状的基础上对该产业市场的未来发展趋势作出科学的预测，以此了解在该产业里举办展览会的发展前景如何，并为会展的未来发展作出预测和规划。对于策划举办一个展览会而言，需要了解的市场发展趋势很多，比如市场容量的增减趋势、市场集中度的发展趋势、产业市场营销方式的变化趋势、市场竞争的发展趋势、市场分布状况的变化趋势，等等。

三、外部利益相关者信息

（一）参展商和专业观众

目标客户是会展企业的营销服务对象，基本都是机构客户。展会最重要的目标客户是参展商和专业观众，他们是会展业的生命线。参展商和专业观众的购买行为直接关系到会议或展览的规模和市场价值。会展企业通过对参展商和专业观众购买行为的调查研究，了解其购买行为特点以及影响因素，如参展状况（参展频率、参展方式、参展费用等）、参展目的、对本展会的认知度、对本展会的总体评价、参展决策过程、对价格反应的敏感程度、了解展会的信息渠道等，从而制订有效的经营决策。

参展商是会展产品的主要购买者，是会展主办方最重要的利润来源。做好参展商的组织、服务工作是会展成功的保证。从参展商报名参展开始，主办单位与参展商的合作就开始了。作为展会的组织者，主办单位应向参展商提供一系列专业、周到的服务。专业观众出于贸易目的而来，拥有一定数量与质量的专业观众是展会成为"品牌展"的重要标志之一。过去曾出现所谓"重招展、轻招商"的问题，其实招展和招商是相辅相成、互动双赢的，招展效果好，参展企业多、展品新、信息集中，专业观众到会就踊跃；而招商效果好，观众特别是专业观众数量多且质量好，参展商的展出效果才会好，其对展会的满意度也会相应提高。

忠诚客户能够为展会带来更多赢利，是必须予以高度关注的优质客户，会展企业应将更多的资源（如市场调研、市场推广、客户联络等）投放到这类客户群上，为其量身订制营销方案，提供针对性服务。此方面的调查项目如其生产经营动态，参展状况，对本展会的满意度及总体评价，对展会项目、服务、价格等方面的具体意见和要求，有无尚未满足的需要等。

（二）竞争对手

在现在的市场状态下，已经基本不存在没有展会的产业。因此，会展企业在策划举办展会时，一定要对该行业内的现有会展的情况有所了解。一方面可以为会展企业决定是否在该产业内举办展览会提供决策依据；另一方面也可以为会展企业一旦决定在该产业内举办展会而如何制订竞争策略提供参考。

一般来说，在策划举办一个展会时，至少应该搜集到相关展会的下述信息：

1. 同类展会的数量和分布情况

不管各自的定位如何，同题材的展会之间总会存在这样或那样的竞争关系。我国的会展企业大多为中小型企业，场馆设施、人力、物力以及财力等实力状况基本趋同，提供的产品和服务也没有明显的区别，因此互为主要竞争对手。再加上我国会展业起步较晚，缺乏举办会展的经验和实力，互相模仿、一哄而上的情况时有发生，出现同一时期、相同地点频繁举办类似主题会展的现象使得会展的规模、效益受到一定的限制。因此，弄清楚同类展会之间的基本竞争关系，对是否策划立项举办新展会和为新展会制订怎样的竞争策略有着十分重要的意义。会展企业要尽量弄清楚国内和全世界范围内的与本企业即将要举办的展会的题材相同的会展的数量，搞清楚这些展会的地域分布情况。一般来说，同题材会展的数量越多，对在该产业中策划举办新展会越不利；同题材会展的分布离计划举办的会展的地域越远，对策划举办新展会越有利。搜集同类型展会的信息至少应该包括以下几方面：同类型展会的数量和分布情况；同类型展会之间的竞争态势；同类型展会的基本情况，如展览（会议）的定位、主办机构、举办时间和地点、频率、规模、参展商数量及分布、观众数量及结构等。

2. 重点展会及主要竞争对手

除了要了解同题材的所有展览会的数量和分布情况以外，会展企业对该题材的一些重点展览会的基本情况有必要作进一步的了解。所谓重点展会，是指那些规模和影响都较大、行业口碑较好，或者与本企业计划举办的展会有直接竞争关系的展会。对于这些会展，会展企业对其会展定位等情况要有比较详细的了解。

主要竞争对手是会展企业经营管理决策的重要影响因素，也是竞争决策能否成功的关键因素。因此会展企业的营销人员必须识别并注意搜集主要竞争对手的信息，主要竞争对手是指那些实力相当、地理位置接近、主要目标市场基本一致、市场占有率接近、提供的产品和服务没有明显区别的同类型企业。这方面的信息包括：

(1) 主要竞争者的基本情况，如会展主办方的资金实力、运作经验、管理模式、社会资源、技术手段、人才及信息资源等；

(2) 主要竞争者开展会展活动的情况，如办展时间、办展频率、办展地点、项目规模、项目定位、展位价格、招展招商方式、客户（参展商和专业观众）构成情况、市场占有率情况、市场推广手段、与己相比有哪些优势与特点等。

（三）一般观众及社会公众

一般观众则是以增长见识、开阔视野为目的而前往展会现场参观的普通群体，对增加展会人气、活跃展会气氛、扩大参展商的广告效应和知名度有一定作用。

公众指对会展活动的开展有实际或潜在影响的各种群体，具体包括媒体公众、政府公众、公民团体公众、展会举办地当地公众以及会展企业内部公众等。会展企业应注重搜集来自于各类公众的信息，了解公众对本会展项目的理解程度、期望程度、满意程度，采取适当措施以树立本会展项目在公众中的良好形象。

公众既有可能增加一个企业实现目标的能力，也有可能阻碍营销目标的实现。因此，会展企业营销人员应搜集有关公众对本企业的印象、意见、购买强度等方面的信息。在会展业迅速发展的今天，公众对会展企业的了解程度不同，营销人员更要注重这一类信息的搜集，了解公众对会展业的理解程度、对本企业的美誉度以及公众的愿望等信息，以利于企业采取适当的措施，在公众中树立良好的形象。

（四）中间商和供应商

会展营销中间商能够便利会展企业的产品和服务推销，或分配产品给最终用户。所以，会展企业应注意搜集中间商的商业信誉、销售数量、销售时间、销售地点、服务的种类、佣金要求、支付方式等信息。

会展企业还有一系列的供应商，如场地提供商、市场调查公司、广告代理商、酒店、展品运输商、展位承建商、展会资料印刷商等。他们负责提供生产和服务所需要的设施设备、原料、半成品、易耗品等产品。供应商的产品和服务是会展产品和服务的重要组成部分，直接关乎会展产品和服务的质量，因此会展企业应注意搜集各类服务商的商业信誉、产品价格、质量、售后服务等信息，从中甄选高质量的展会服务商并时刻监督其服务质量。

（五）会展业管理主体

会展业的管理主体是那些为了保证会展市场交换行为顺利发生而实施监督职能并收取一定费用的主体。对经营者而言，通过对会展管理主体的调查，可以使其明晰自身经营行为的动态约束条件，从而在交易中更好地保护自己，更有效地参与竞争。营销人员对会展管理主体的调查内容主要有管理主体的某些规定、措施以及监督方式等。

例如，政府作出决定，在某个区域建设经济开发区，凡是在该区域内的经营者都能在税收、信贷等方面得到一定的优惠和支持。这个决定就会刺激该地区投资的增长以及交易的增加，促进该地区会展产业的发展。会展公司的营销人员就需要了解该地区的主要投资行业、地区发展特征以及发展趋势等方面的情况，为决策者提供地区发展和行业发展方面的信息。

四、会展企业自身的信息

会展企业自身的信息是会展营销决策人员使用最多、最基本的信息。其最大特点，一是信息来自企业内部，有来自一线销售部门的，有来自人力资源管理部门和财务部门的；二是定期提供信息，用于会展营销日常活动的计划、管理与控制。

会展企业内部营销环境由企业内部各部门协作建立，相互定期或不定期地报告与彼此运作有关的特定信息，是营销信息的重要组成部分。营销人员应注意搜集本企业提供产品和服务的一线部门的有关信息，包括如下几个方面：

（一）服务人员的数量、质量、专业知识和技术水平

因为市场上销售的不仅是包括产品实体及其品质、特色、式样、商标和包装的有形产品，还包括可以给买主带来附加利益和心理上的满足感及信任感的售后服务、保证、产品形象、销售者声誉等的无形产品。针对我国会展业从业人员的现状，我们也应该注意这个问题。

（二）一线部门的管理水平

会展人才首先应该是全能型的人才，具有对会展所涉及的行业的了解能力、对会展整体策划的能力、对宏观市场的把握能力、及时根据市场变化调整会展组织方案的整体控制能力、销售能力、协调能力等。中国展览业人才奇缺，一是缺少营销策划人员，二是缺少设计人员。特别是展览的营销策划最重要，能培养出这样的人才，就会成为会展企业争抢的对象。另外，会展人才的专业性有待增强，目前大多数从业者都是"半路出家"，专业素质不够。办会展头绪纷杂，没有几年的功底根本无法应付、无从下手。由于我国会展人才总体专业底子薄，从而导致目前的会展质量优劣不均。

（三）服务设备设施的情况

现代会展场馆及其设施设备，不仅表现在场地的清洁、设备的使用与保养、保安、消防等浅层次的传统管理工作，而且还进一步表现在必须根据经营思路进行场馆设计、空间布局、设备配置等规划管理工作。在日常管理中，应将工程设备运行管理、场馆环境管理以及安全保卫管理等工作纳入到其管理范畴中。整个会展场馆及设施设备管理过程，都要符合现代企业科学化、专业化管理的要求，遵循市场化运营的原则。

(四) 产品和服务的成本以及效益等各种信息

会展企业的营销部门会定期收到财务方面的信息,包括本企业主要的财务政策,特定报告期内的收入、资金来源、现金管理、现金流动情况、出租率、利润率、产品和服务的成本构成、营销费用等信息。

第三节 会展环境信息的获取方式

对于会展环境调研而言,选择合适的调研方法是非常重要的。会展营销调研包括定性调研和定量调研两大类。定性调研的目的在于发现问题以及寻找解决问题的方案,而定量调研用来测试、衡量上述方法是否可行、有效。定性调研常见的方法有案头调查法、小组访谈法、观察法等,而定量调研最主要的方法是问卷调查,不论是通过电话、信函、互联网还是面对面,都可以得到有价值的定量数据。在具体操作中,调查组织者常将多种调研方法组合使用。

一、案头调研法

案头调研是指通过查找、整理和分析与调研项目有关的数据资料而进行的一种调研方法。由于文案调研所用的资料是经他人搜集、整理、加工过的二手资料,因此又被称为二手资料调研。

(一) 案头调研资料来源的渠道

文案调研的关键在于熟悉资料的来源和检索方法,同时还要对搜集到的信息资料的合理性和背景进行正确的评价和分析。国际营销文案调研资料来源的渠道主要有:

(1) 企业内部资料。包括订货记录、销售记录、运输记录、财务库存记录、预算报告等。

(2) 政府机构。如政府机构公开发行的各种刊物、政府有关部门在网站上公布的各种数据、我国驻外使馆或商务代表机构提供的资料等。

(3) 国际组织。如各类国际组织定期发布的专题报告、用于出版专门刊物的有关统计资料和市场数据。

(4) 专业调研公司或咨询机构。发达国家有许多专业调研机构或咨询公司为顾客有偿提供各类信息,企业可直接向这些公司或机构购买。

(5) 行业协会或同业公会。许多国家有各种行业协会或同业公会,它们搜集、整理和定期公布本行业的产销信息。

(6) 一些公共图书馆、高等院校、研究机构、银行提供的调查资料、市场报告。

(7) 联机检索情报系统、数据库终端检索所能查到的有关资料,尤其在互联网普及的今天，联机检索情报系统在搜集资料中的作用越来越大。

（8）其他来源。如国外的经销商、代理商或其他营销中介组织提供的信息。

（二）二手资料存在的问题

虽然文案调研具有节省调研费用和缩短调研时间的优点，但是它依赖于市场上的第二手资料。而第二手资料往往在下列方面存在问题：

（1）在发达国家，资料比较容易查找，但在发展中国家，许多二手资料难以找到。

（2）由于资料搜集的目的不同，有些数据和信息被人为地篡改；还有些由于抽样技术的原因，导致信息失真。

（3）有时搜集到的二手资料可能已经过时而对企业营销决策没有意义，还有些国家的资料缺乏连续性。

（4）由于统计口径、统计方法的不同，不同国家的信息资料缺乏可比性。

二、询问法

询问法是通过向被调查者询问问题来搜集资料的一种调查方法。这是市场调查最常用的方法。询问法的方式主要包括：个人访问、座谈会、函件通信调查和留置问卷四种。

（一）个人访问

个人访问是调查员与被调查对象面对面的单独交谈。这种调查方法具有直观性、灵活性、启发性和真实性，调查员可以启发对方的思路、解答疑问、消除顾虑、鼓励对方说出真相。但是调查较费时，调查的范围受到一定的限制，谈话的内容会受到被调查者情绪的影响。因此，需要调查员有较高的调查技巧和社交能力。

（二）座谈会

座谈会作为一种定性调研方法，在会展营销调研实践中也经常被采用，正如美国迈克森调研协会马克·米切尔森先生所言："如果会展项目经理想得到一些新的信息，那么定性调查是最好的，因为它没有一个固定的问卷……此时你并不是想确认任何事，而是想要去发现怎样做才能改进项目和服务。"

座谈会是邀请6～10名被调查者，由主持人对他们进行访谈。在主持人的引导下，被调查者按照一定的谈话路线回答主持人的问题，并且互相进行讨论。为使访谈富有成效，座谈会需要遵循以下步骤。

1. 制订计划

按照访谈主题和调查对象的特点，拟定访谈提纲或谈话路线，使访谈能够达到预计目的。

2. 选择参加者

被调查者是调查对象的代表,可以通过抽样获得,也可以由调查机构通过主观判断筛选获得。

3. 选择主持人

主持人需要了解调查主题,有协调和掌控讨论过程的能力。

4. 选择或布置环境(测试室)

重要的座谈会要求在有单面镜的测试室中进行,有监控摄像设备,录下讨论过程以备事后分析。

5. 访谈过程控制

在访谈过程中协调、引导小组讨论,使讨论尽量按照访谈提纲进行,做好讨论记录。

6. 分析访谈结果

对访谈结果及时整理分析,编写访谈报告,有必要时需进行补充调查。

三、问卷调查法

问卷调查法是以书面问答的形式了解调查对象的反应和看法。由调查机构根据调查目的设计调查问卷,然后采取抽样调查的方式抽取调查样本,通过调查员对样本的访问完成事先设计的调查项目,最后由统计分析得出调查结果,由此获得资料和信息。在会展营销调研实践中,问卷调查法是会展营销调研中最有效也是最常被使用的调查方法,如在进行展会服务满意度调查时,对参展商及观众均采取问卷调查法。

调查问卷的设计,是会展市场调查中的一项基础性工作。调查问卷设计是否科学合理,决定着问卷的回收率和有效率,直接关系到调研能否达到预期目的。

(一)问卷调查法的分类

按照问卷传达方式的不同,可分为邮寄问卷调查、电话访问调查、电子邮件调查、留置问卷调查和拦截访问调查(见表4-1)。

表4-1 问卷调查法的分类

问卷调查形式	具体做法	优点	缺点
邮寄问卷调查	将设计好的问卷邮寄给被调查者，由被调查者按照要求填妥后寄回	(1) 调查区域广、范围大； (2) 调查成本低，样本数目较多； (3) 被调查者有充裕的时间作答，且不受调查员倾向性意见的影响	(1) 问卷回收率较低（一般在15%左右）； (2) 获取资料的时间较长； (3) 资料的真实性、可靠性不易评价
电话访问调查	由调查员在电话一端，遵照调查问卷，逐条询问被调查者，以获得调查资料与数据	(1) 可在短时间内调查较多的样本； (2) 成本较低； (3) 可听到被调查者对所提问题的反应	(1) 总体不完整，对没有电话者无法调查； (2) 受通话时间限制，不易询问复杂问题； (3) 不能与被调查者见面，观察不到其表情反应； (4) 不易得到对方的合作
电子邮件调查	利用网络用户的E-mail地址，采取随机抽样的方式，向被调查者发送E-mail问卷，再对被调查者使用电子邮件催请回答	(1) 调查效率高； (2) 成本极低； (3) 接触效果好，调查表回收率高； (4) 调查资料的统计分析快捷；	(1) 只反映网络用户的意见，样本不一定完整； (2) 被调查者多回答感兴趣的问题，样本代表性不高
留置问卷调查	调查员将问卷当面交给被调查者，并详细说明调查目的和要求，将问卷留在被调查者处让其自行完成，再由调查员在约定时间收回	这是介于面谈调查和邮寄问卷调查之间的一种折中办法，弥补了邮寄问卷回收率低的缺点，也弥补了面谈调查被调查者不愿意或没有时间填写问卷的不足	(1) 与前三种问卷调查法相比，调查地域范围受限制； (2) 调查成本较高
拦截访问调查	由调查员在特定地点，随机拦截访问被调查者。因其抽样和调查方法简单易用，故在广告调查中被广泛应用	(1) 能当面听取被调查者意见并观察其反应； (2) 直接接触实物资料，可随时提出问题； (3) 问卷回收率高（90%以上）； (4) 调查资料比较真实可靠	(1) 调查成本高； (2) 对调查员素质的要求较高； (3) 不利于对调查员的工作进行控制； (4) 被调查者可能不愿意或没有时间接受拦截访问

（二）调查问卷的基本结构

一份完整的调查问卷包括以下基本部分：问卷标题、问卷说明、调查内容、被调查者基本情况、问卷的编号、调查者的情况。

1. 问卷标题

一般由调查的对象和内容再加上"调查问卷"四个字组成，如"第十届科博会观众满意度调查问卷"。问卷标题应简明扼要、清楚明确、主旨突出。

2. 问卷说明（开场白）

一般应包括如下内容：
（1）称呼、问候，如"××先生、女士：您好"；
（2）调查人员的自我介绍，调查的主办单位及个人的身份；
（3）本次调查的目的、意义，简要说明即可；
（4）填写问卷所需的时间说明；
（5）保证作答对被调查者无负面作用，并替他保守秘密；
（6）向对方的合作表示真诚谢意。
以下是某会展调查问卷说明，仅供参考。

尊敬的来宾：

　　您好！感谢光临本届××展会。

　　耽误您几分钟，我们是本届××展会组委会统计信息组调查员，为了搜集您对本届展会的宝贵意见和建议，进一步改进并完善我们的服务、组织工作，烦请您在百忙中协助我们填写本调查问卷。谢谢您的合作！

第×届××展会组委会

问卷说明要向被调查者说明调查的意图、填表须知、交表时间、地点及酬谢方式等，语言要亲切、有礼、简洁明快，态度真诚。应强调调查工作的重要性和对参展企业的有利影响，消除被调查者的顾虑，乐于配合填写问卷。

3. 主体调查内容

这是调查问卷的核心部分，依据会展调研的任务而设定，包括具体问题、备选答案、回答说明和编码。其中，具体问题是围绕调查主题而设计的一系列问句。调查问题分封闭式、开放式和量表式三类，我们将在随后介绍。备选答案是对封闭式问题所给出的可供选择的范围。回答说明包括对问题的填答方法、跳答指示等。编码指问句的题号、备选答案的编号，这些都会用在后面资料预处理部分的编码表中。

4. 被调查者基本情况

如对参展商或采购商，基本情况包括其单位性质、所属行业、单位规模、单位所在地理区域等因素；对于个人观众，基本情况包括其性别、年龄、文化程度、从事职业等因素。有的调查问卷把该部分放在主体内容之前，也有些问卷出于降低敏感性的考虑，把该部分放在主体内容之后。

5. 问卷的编号

在调查问卷上要设计编号，以方便调查人员对调查问卷发放数量进行统计。

6. 调查者的情况

在问卷的最后，附上调查人员的姓名、访问日期等以核实调查人员的情况。

（三）问卷设计的主要步骤

问卷是为了解决某一特殊问题而设计的，要体现科学和有序的原则。问卷设计的主要步骤如下：

（1）确定调查主题，以便确定所要搜集的资料、资料的具体内容和要提出的问题。
（2）确定提问的方式。
（3）确定每个问题的措辞。
（4）确定每个问题的顺序。
（5）从总体上设计调查问卷的结构。
（6）送审与修改。将调查问卷送交有关领导、专家或同行审阅，征求意见，全面修改。
（7）试查。调查问卷修改、整理后，复制少量份数发放给一定范围的调查对象，然后回收，看看能否获得所需信息，是否还有错误和问题，了解试查对象的态度和反应。
（8）定稿。试查后，对调查问卷的不足之处进行修改后即可定稿、复制并正式使用。

（四）调查问卷提问的方式

根据调查项目的性质、调查要求，提问的方式有两种类型：开放式（Open-end）提问和封闭式（Close-end）提问。

1. 开放式提问

开放式问题是没有拟定答案，被调查者可以自由回答的问题。这类问题没有选择的条条框框，使被调查者可以自由地发表自己的意见，有利于活跃调查的气氛，获取更为广泛的信息和建设性意见。而且，调查者拟定的问题比较容易。

例如：

您对本届展会在组织、服务方面有哪些意见与建议？

(1) 自由回答法。会展调研人员提出问题，不准备答案，由被调查者根据问题用文字形式自由表达。这种方式获得的资料较多，但难以整理和统计，主要用于深度谈话和直接访问，在调查问卷中一般在正文结尾处提出一个这样的问题。

(2) 词句联想法。会展调研人员列出一些不完整的语句，由被调查人员完成该句子，或者会展调研人员列出一些词汇，每次一个，由被调查人说出或写下其脑海中涌现出的相关信息。

但是，开放式问题的答案受被调查者学识的影响很大，受教育程度较高的人往往对事物的评论也较多，而受教育程度较低的人评论相对也较少。开放式问题的答案分散，不容易审核、编码、归类、统计和分析，不便于数据整理和上机进行统计分析。而且调查时间较封闭式问题长，调查易被拒答，回答率较低。有鉴于此，在设计会展营销调查问卷时，应控制开放式问题的比例，可以对重要、核心的问题用自由式提问，并且每份问卷只设一个或两个开放式问题。

2. 封闭式提问

封闭式问题与开放式问题相反，问题的答案是由调查表设计者事先准备好所有可能的答案，请被调查者从中选择回答。在调查表中，每一个封闭式问题的下面就是该问题的备选答案，被调查者对问题的回答是从备选答案中选择的。封闭式问题使得被调查者很容易填写表格，能节省调查时间，提高问卷回收率。同时，答案的范围是确定的，标准化的答案便于统计分析和制表。因此，封闭式问题是调查问卷中经常采用的提问方式，在会展营销调查问卷中被大量采用。但是，封闭式问题缺乏被调查者的自主性表达，有些问题的选择范围较窄，使得被调查者无法作出最佳选择。有时被调查者在备选答案中找不出适合自己的选项时，很可能会任意选择，这就会导致调查结果出现偏差。为了克服这一缺点，调查者在设计封闭式问题的答案时应力求全面、准确。应该在一些问题的答案中设"其他"这一答案，并且在正式调查前，可以在较小的范围内进行试验性的调查。如果发现调查表中某些问题或答案不妥，就作适当的更改，然后再进行正式调查。封闭式问题适合于搜集事实性信息或被调查者有明确看法的意向性问题，而对于那些寻找动机的探索性调查，采用开放式问题更适宜。

封闭式问题包括二项选择法、顺位法、对照表法、多项选择法、量度答案法五种。

(1) 二项选择法。调研人员就一个问题提出两个答案供被调查者选择，例如是与否、有与无等，被调查者只能选择其中一个答案。此方法的优点是答卷时间短，但它无法反映被调查者意见的程度差别。例如：

您认为您的客房干净吗？
A. 是　　　　　　B. 否

是非法的优点是：问题的答案只有两个，一目了然，便于填写，也便于统计、分析。不足之处是：答案极端化，在许多时候，处于两端之间的中性答案更能让人接受。

(2) 顺位法。这类问题要准备若干答案，让被调查者根据按照自己认为的重要程度排出先后顺序。

例如：

您对本届展会的哪一展示主题印象最深刻？（请选择最主要的三个，并按重要程度排序）

A. 最新科技成果（   ）　　B. 自主创新（   ）
C. 国际合作（   ）　　　　D. 区域经济（   ）
E. 循环经济（   ）　　　　F. 数字奥运（   ）
G. 科技生活（   ）　　　　H. 汽车科技（   ）

顺位法的优点是：答案有选择的余地，有利于被调查者填写，也有利于资料的列表分析。不足之处是：有时候，被调查者对答案中所列的一些内容不了解或了解甚少，难以对其正确排列等级。

（3）对照表法。对照表法与多项选择法相似，要在调查表中列出各种答案。所不同的是，不是让被调查者对一个问题的答案作选择，而是对一类问题的答案作多种选择。对照表法适合于获得各种事实性的答案。对照表法的优点是便于被调查者回答问题，也便于统计分析。缺点是被调查者消费的时间、接触到的服务人员不同，享受的服务不同使其回答问题时有某些偏见。

（4）多项选择法。对一个问题给出三个以上答案，被调查者可以任意选择其中一项或几项。它适合于调查消费者的购买动机以及消费者对企业、产品和服务的看法。

例如：

您获悉本届展会的信息来源是：
A. 新闻报道（   ）　　　　B. 广告宣传（   ）
C. 网络媒体（   ）　　　　D. 专业刊物（   ）
E. 主承办单位邀请（   ）　F. 朋友或同事告知（   ）
G. 其他途径（   ）

多项选择法的优点是可以统一答案的内容，便于列表分析。缺点是答案中容易有被调查者不容易理解的文字，而且调查人员无法对答案进行定量分析。

（5）量度答案法。量度答案法对提出的问题分不同程度列出答案，让被调查者选择。这种方法使被调查者感到简洁、清晰，不会产生厌烦心理。量度答案法包括语义尺度法、李科特尺度法和正负尺度法三种。

语义尺度法要求被调查者根据各个形容词作出选择。例如：

您认为我们景点的电视广告是：　非常　有点　　中性　有点　　非常
_____振奋人心_____单调
_____令人厌烦_____有趣

这个尺度两端的形容词互为反义词。两端都有褒义词和贬义词，这样，就可以避免文字排列方式对被调查者的影响。语义尺度法的缺点是被调查者不一定认为尺度两端的一对形容词是反义词。

李科特尺度法：只使用一个形容词，被调查者在"非常同意"和"非常不同意"之间进行选择。例如：

非常	比较	不太	极不
同意	同意	同意	同意

某会展公司的服务质量很高＿＿＿＿＿＿＿＿＿＿

李科特尺度法的缺点是只有一套相同的等级类别。

正负尺度法是语义差别法的简化形式。每个项目只使用一个形容词，在正负两方设置几个数值等级，要求被调查者选择一个数值。

量度答案法便于调查人员对调查结果进行定性、定量分析，判断被调查者的动机、态度或行为。这种方法在营销调查中应用最广泛。

调查问卷中的封闭式问题还有回忆法、再确认法、程度倾向法等，由于在会展营销调查问卷中很少使用，本书不再赘述。

（五）调查问卷的设计要领

总体来说，一份有效的调查问卷应具备三个显著特征：集中、简洁、明了。集中是指所有调查问题都必须围绕调查目标而展开，无关或关系不密切的问题不出现在问卷中；简洁是指问题及答案的描述应简明扼要，问卷不能繁复冗长；明了是指问卷中的措辞清楚明白，使被调查者易于理解，便于回答。

在设计问卷时，应当注意：避免多义性、一般性、引导性、困窘性、假设性的问题。多义性的问题容易使被调查者曲解问题的含义，填写的内容不符合要求。一般性的问题使得调查的结论没有实际意义；引导性的问题在问题的内容或者提问表达方式上带有某种倾向或暗示，使得被调查者按照该倾向或暗示填写内容，使得到的资料失真；困窘性问题牵涉个人的隐私，或者有碍声誉，或者不能为社会道德规范、文化习俗、社会舆论接受，被调查者容易违心填写，或者对该调查表产生反感，不予填写；假设性问题不会得到真实的答案，因为在假设的条件没有出现时，被调查者的思维和行为与假设的条件具备时往往是不一致的，使得到的答案没有参考价值。

设计调查问卷时应遵循以下基本原则。

1. **准确性原则**

指问卷中的问题表达清楚明白，便于被调查者对提问做出明确的回答；答案选项完整、准确，避免相互交叉或包容。

当前问卷设计在准确性方面存在的问题主要有以下几个。

用词含糊不清，模棱两可。如对展会观众满意度调查问卷中的问题：

您是否多次参观××展会？
A. 是　　　　　　B. 否

不同的被调查者对"多次"的理解是不同的，有人认为两三次就可算"多次"，而有人认为每届都参观才能算"多次"，这样调查的结果必然出现偏差。

问句一题多问。如：

您对本次展览及专项交流活动是否满意？
　　A. 很满意　　B. 满意　　C. 一般　　D. 不满意　　E. 很不满意

该问句包含了展览和专项交流活动两个主题，其结果可能是"对展览部分不满意"、"对专项交流活动不满意"以及"对两者都不满意"的被调查者都回答"不满意"，调查结果会出现偏差。为此，该问句应分为两个问题询问：

您对本次展览部分是否满意？
您对本次专项交流活动（会议/论坛）是否满意？

答案选项含义模糊或相互交叉。如：

您参观××展会的主要目的是
　　A. 信息沟通　　B. 贸易洽谈　　C. 寻找项目　　D. 参观

该问句的答案选项语义模糊且相互交叉，被调查者很难从中作出选择以准确表达自己的意见和看法，可能就会随便作答，影响调查结果的科学性。

2. 简单性原则

一份好的调查问卷应使被调查者能答、爱答、易答。要做到这些，问卷设计必须简单。简单性原则包括：问题的设计通俗易答，符合被调查者的知识水平和理解能力；问卷中的措辞亲切有礼，使被调查者乐于合作并愿意如实回答；对敏感性问题采取一定的提问技巧；控制问卷的长度，答题时间以自填式问卷不超过 10 分钟，随机拦访问卷不超过 5 分钟为宜。

3. 逻辑性原则

对于一般性的问题应先问，因为这些问题相对简单，被调查者易于回答，同时这些问题也是让被调查者回答其他问题前的预热；思考性的问题放在中间；敏感性的问题放在最后，这样的排序符合一般人的逻辑思维顺序。

逻辑性与问卷的条理性、程序性是分不开的，在一个综合性问卷中，调查者往往将差异较大的问卷分块设置，以保证每个"分块"的问题都密切相关。

4. 中立性原则

调查问卷中的用词应是"中性"的，避免使用引导或暗示性的词句。例如：
　　本届展会规模宏大，影响深远，贵企业是否准备参展？
　　历届本展会的参展商都获得了满意的展出效果，本届展会贵企业是否获得了预期的展出效果？

这样的问题易使被调查者受到引导而得出肯定的结论，或者引起被调查者对问题的反感而简单得出结论，不能反映其真实态度和真实意愿，所产生的结论缺乏客观性。

除了上述问卷设计的基本原则外，问卷的外观及版面设计也非常重要。整个问卷应印刷精美、排版整齐,要对每一部分的问题进行分隔,力求层次清晰而不杂乱。此外,文字部分的字体字号是否适宜、问卷说明是否使用了明显字体、开放式问题是否留足空间等细节问题也应精心考虑。

5. 问卷结构的设计要合理

问卷的正文,即调查的问题应当占整个问卷的 2/3～4/5,其他部分如问卷说明、有关被调查者的资料信息只占很少部分。问卷正文中的问题,应当先易后难,将核心问题放在问卷的前半部分。此外,问卷的篇幅要简短,否则被调查者会因时间过长敷衍答卷而影响调查的效果。如果调查的对象是外籍人士,问卷则应采用中英文对照的形式。

案 例

第 10 届北京科博会参展商调查问卷

尊敬的参展单位代表:

您好!感谢您参加本届科博会。

耽误您几分钟,我们是本届科博会组委会统计信息组调查员,为了搜集您对本届展会的宝贵意见和建议,进一步改进并完善我们的服务和组织工作,烦请您在百忙中协助我们填写本调查问卷。谢谢您的合作!

第 10 届北京科博会组委会统计信息组

单位名称_____ 展位号_____
填表人_____ 职 务_____

一、贵单位性质
　　□国有企业　　□民营企业　　□外资企业　　□合资企业
　　□政府机构　　□科研机构　　□其他

二、贵单位所属行业
　　□电子与信息　　□航空航天　　□光机电一体化　　□生物、医药与医疗器械
　　□新材料与新能源　□环境保护、地球空间与海洋　□现代农业　　□现代传媒
　　□计算机软件　　□汽车科技与智能交通　　□高校和科研院所　　□其他

三、贵单位是第几次参加科博会
　　第　　　次

四、您参展的信息来源是
　　□新闻报道　　□主承办单位邀请　　□网络媒体　　□专业刊物
　　□广告宣传　　□行业协会　　□政府机构　　□其他

五、贵单位本次参展的目的是
　　□宣传企业/品牌　□产品技术转让与交易　□项目招商　　□技术合作
　　□成果推介　　□建立营销网络　　□了解市场信息与新技术　□其他(请注明)

六、您认为参展目的是否达到?
　　□达到　　□部分达到　　□没达到

七、贵单位参加本次科博会的费用为(单位:万元)
　　□10 以下　　□11～20　　□21～50　　□51～100　　□101 以上

八、您对本次展览在场馆条件以及展馆布局方面的总体感受是

□非常满意 □比较满意 □一般 □不满意 □非常不满意

九、您对观众的质量满意度如何？

□很满意 □满意 □一般 □不太满意 □非常不满意

十、贵单位参展期间成交额（包括协议、意向、合同）（单位：万元）

□100以下 □101～500 □501～1000
□1001～5000 □5001～10000 □10001以上

十一、您认为此次参展效果如何？

□很好 □较好 □一般 □较差 □很差

十二、您接受了组委会提供的下属哪项服务？

□热线呼叫服务 □客房、机票预订服务 □免费签约及场地服务
□招商合作项目发布服务 □网站优先推介 □均未接受

十三、您对本次科博会组织、服务方面的总体感受是

□组织有序且服务周到 □组织有序但服务欠佳
□组织混乱但服务较好 □组织混乱且服务欠佳

十四、您认为本届科博会有哪些优势？（可多选，并按重要程度排序）

□主题前瞻性强 □组织管理完善 □广告宣传全面 □政策导向性强
□活动形式多样 □国际参与广泛 □产业信息丰富 □其他（请注明）
存在的主要不足（请注明）：_____

十五、贵单位是否参加下一届博览会？

□肯定参加 □可能参加 □不参加

十六、若不参加，原因是（可多选）

□没有达到预期目的 □洽谈机会少 □信息交流少 □费用不合理
□组织服务不理想 □更愿意单独举办推介活动 □利用互联网推介
□参加其他展览会 □成果或产品没有市场 □其他（请注明）

十七、您对本次科博会还有哪些宝贵的意见与建议？

调查人：_____ 调查地点：_____ 调查日期：2007年5月____日

（**资料来源**：北京联合大学会展研究所. 第10届北京科博会调研报告. 2007.）

四、抽样法

会展企业的调查通常是在局部范围内展开的，采用的是抽样调查的方法。抽样调查就是从需要调查的对象的总体中，抽取出若干个体进行调查（这里的个体就是样本），根据调查的情况推断总体特征的一种调查方法。

抽样调查的方法很多，包括两大类，即随机抽样和非随机抽样。调查对象总体中的每个个体都有同等机会被抽取出来作为样本的方法是随机抽样，包括简单随机抽样、分层抽样、分群抽样和等距抽样四种形式。总体中每个个体被抽取为样本的机会不相等的抽样方法是非随机抽样，包括任意抽样、判断抽样和配额抽样三种。在会展营销调查中，常用的调查方法是简单随机抽样、分层抽样和分群抽样。

（一）简单随机抽样

简单随机抽样又称纯随机抽样，是一种最简单、最基本的抽样方式。它要求对总体的全部单位不作任何分类或排序，完全按随机原则直接从总体中抽选样本单位，保证总体中每个单位在抽选时都有相等的机会被抽中。简单随机抽样简便易行，而且使总体中每个单位具有同等被抽选的机会，最符合随机原则。但是采用这种方法工作量大，因此只适合总体数量较少或对总体的特征了解甚少的情况。

（二）分层抽样

分层抽样又称分类抽样或类型抽样，是对总体的每一个单位按照某种标志划分为若干个类型组（即层），然后在每个类型中用简单随机抽样等方法抽选样本单位的方法。分层抽样时，分层标志的选择以及合理分配各层抽样的单位数对调查的效果影响很大。一般来说，尽量选择与研究的问题有密切联系的因素作为分层的标志，并且按照各层总体单位数占整个总体单位数的比例来决定各层应抽取的样本数。

（三）分群抽样

分群抽样是将总体划分为若干群，然后按照随机原则从中抽取若干群作为样本，对抽中的群内所有单位进行调查。分群抽样适用于总体所含个体数量庞大、比较分散的情况。当调查对象数量庞大而且混乱，难以按一定标准分层时，就可以按地区等特征进行分群抽样。采用分群抽样法，抽取的每群的样本都是有各种不同特征的个体。

在网络比较普及的今天，会展企业可以通过网络对客户进行调查。网络调查因不受时间、地点的限制而方便、实用。会展企业可以通过网络信箱或网上公布调查表的方式展开对主要目标顾客、社会公众的调查。网上调查的不利因素主要是被调查者的身份很难确定，同时可能出现重复填写调查表或者填写的内容不真实等情况。另外，网络调查信息的公开度相对较高，一些对企业的不合理的抱怨可能会给企业带来不利的影响。

五、情境推演法

情境推演是利用经济增长率、市场占有率、企业成长率和政治稳定性等变量因素来凸现事实、判断市场未来走势的方法。它是在事实的基础上设想未来，但研究人员不能只根据目前的情况对一些可能发生的问题作简单的估计，因为在特殊情况下一些看似不可能的事情也会发生，有的时候甚至会出现被期待的事没发生、不被期待的事却发生了的糟糕情形，因此情境推演必须全面考虑每项因素，有时那些遥不可及的事情也应考虑在内。

会展企业必须把情境推演的问题考虑得既深且远。如企业所依据的行业整体衰退，那该怎么办？情境推演的价值就在于根据情境分析设计出一套有效率的危机处理计划，当预计的突然情况发生时，企业可根据这个计划尽快作出反应，加以应对。

情境推演的要求是：先思考和设计许多不同寻常的情况，这些情况合乎实际又能引起企业领导的重视，然后再根据这些情况去进行准确深入的、与主题相关的预测。

六、德尔菲法

德尔菲法通常要严格挑选大约30位各方面专家组成研究群体来开展工作，是一种颇具创意的研究方式。

首先，企业用信件、邮件询问这些专家对有关问题的看法；专家按重要程度把问题排序，并解释这样排序的原因；然后，企业将回收后的信息归纳整理，分为几种代表类型并按照一定的规则进行排序，将结果寄回给各位专家，请其参考新的排序状况，调整或补充自己对问题的看法；接着将结果寄回给设计者，设计者再次根据回收信息进行分类整理，尤其对持反对意见者要请其说明原因。经过几轮反馈之后，企业会得到一个合理而一致的意见。德尔菲研究是在各位专家互不见面的情况下进行的，这样可以避免研究讨论中出现权威效应和从众效应，所以研究结果比较合理。但是研究人员必须学有专长而且从头至尾参加这项研究。德尔菲研究较费时，但可以得到一些由量化方式无法获取的市场信息。

七、观察法

观察法是调查者身临调查现场进行实地观察，在被调查者毫无察觉的情况下对其行为、反应取得第一手资料的方法。观察法的特点是：使被调查者觉察不到正在被调查，或者被调查者并不介意自己的行为受到调查人员的观察。观察法的优点是得到的资料比较真实可靠，但观察法也存在一些缺陷：其一，调查成本较高；其二，只能观察或记录到被调查者的表面行为，而不能了解其内在心理的变化，如观众沿途参观了哪些展台和忽略了哪些展台，调查可以给出统计意义上的结果，但无法说明观众为什么对某些展台感兴趣而又对某些展台兴趣不大。有鉴于此，调查员常常将观察法与其他调查方法如访谈法配合使用，以便获得更有价值的调查资料。例如，观众在进入场馆或是浏览整个场馆布局图时遇到了困难，调查人员可以询问他怎样做能避免该情况发生；再如，某家参展商展台前人流稀少，调查人员可以询问周围的观众为什么不停下来看看。

在实施观察法前，通常要拟定一份比较详细的观察计划，包括拟观察的对象、时间、地点、内容、难点、克服方法、所需材料与设备等。观察法包括直接观察法、亲身经历法、实际痕迹测量法和行为记录法四种不同的形式。直接观察法就是调查人员直接到现场观察。亲身经历法就是调查人员以当事人的身份，身临其境体验、观察，以了解真实情况。实际痕迹测量法是通过设顾客意见簿、用户要求联系簿或广告附回条等方式了解顾客对企业、产品和服务的看法。行为记录法就是通过将仪器（录音机、录像机、照相机）装在现场，如实地记录被观察者行为的方法。

八、实验法

实验法就是在一个较小的范围内，在一定的条件下对某种影响商品销售的因素进行实际试验，对其结果进行全面的分析、评价，以此推测该商品有无大规模推广的价值。实验法的应用很广，凡是商品在改变性能、质量、装潢、设计、价格、广告等因素时，都可以先在较小的范围内进行实验，调查顾客的反应，然后再决定是否大规模实行。

九、其他方法

会展企业获得营销情报的途径是多种多样的。为拓宽搜集情报的渠道，进一步提高搜集情报的数量和质量，会展企业还可以采用以下方法。

（一）训练和鼓励销售人员搜集情报

销售人员是最直接接触外部环境特别是会展客户的人员之一，能接触到大量决策人员接触不到的营销情报。会展企业应训练和鼓励销售人员去发现和搜集营销情报，建立良好的制度，及时撰写报告或将情报信息输入营销管理的电脑系统中。

（二）利用销售代理商搜集情报

销售代理商是受会展主办方委托进行展位销售或招商的，他们直接与目标客户接触，易于了解客户的需求特点、其对展会以及主办方的意见与要求。会展企业可通过建立销售代理商定期书面报告制度，要求代理商每隔一段时间向主办方以书面形式对招展、招商情况进行汇报，以便会展企业及时搜集营销情报。

（三）聘请专家搜集营销情报或购买营销情报

专家及市场调研公司、行业信息机构等专业机构调研经验丰富，调研技术与手段先进，其提供情报信息的质量很高。

最后，会展企业还可在本企业内部建立营销信息中心，安排专人负责营销情报搜集、编写简报以及情报传递等工作。

十、会展市场营销定量预测技术

定量预测方法，又称为统计预测法，是根据掌握的大量数据资料，运用统计方法和数学模型近似地揭示预算对象的数量变化及结构关系，并据此对预测目标作出测算。

在会展市场营销调研中，一般用定量预测技术对会展市场发展变化可能达到的水平和规模、会展项目的供求变动趋势等进行估计。

定量预测方法又可以分为两类：

（一）时间序列法

这是指根据时间顺序排列统计数据揭示其内在规律性，进而揭示未来市场变化趋势的预测方法。它主要包括：

1. 移动平均法

移动平均法是以假设预测值同预测期相邻的若干观察期数据具有密切关系为基础的。它通过将不同观察期的数据赋予不同的权数，然后加以平均来计算预测值。

2. 指数平滑法

指数平滑法是根据过去和目前的原始数据，解释时间序列的波动并作出预测的方法。这种方法比较适合近期预测。指数平滑法通过计算本期和所有前期的指数加权平均数，从中确定时间序列的修正值。

（二）因果关系法

这是在分析实际资料的基础上，找出影响市场变化的因素及其相互关系，进而建立数学模型，利用模型预测未来发展趋势的一种预测方法。因果关系预测法主要运用一元回归分析技术。一元回归分析是指研究的因果关系涉及两个变量，而且这两个变量之间呈线性关系，运用这两个变量之间的线性关系进行市场预测。

案 例

2005江苏糖酒展立项的前期调研

要成功举办一次大型会议或展览，立项策划是关键，而立项策划的关键又在于系统而科学的市场调研，充分掌握各种市场信息以确保未来的会展项目具有乐观的发展前景。"2005中国江苏酒类及副食品交易会"立项的前期调研就是很好的例子。

酒类交易会在全国会展行业里算是比较普通的展会，由于市场广阔，致使很多区域性城市争相举办酒类交易会，所以从一定意义上这个主题已经被做滥了，很难与持续了几十年的全国糖酒会有效区分。在此种情况下，南京国展中心策划了具有区域特色的江苏糖酒会——2005中国江苏酒类及副食品交易会。

早在项目立项之前，主办方就进行了充分的市场调研。由于展会的基调是做区域性糖酒展，故选取的调研对象为江苏省的酒类生产企业及经销商；调研的主要渠道是通过行业杂志资料、亲自致电客户以及亲自拜访。为使调研工作顺利开展，主办方设法得到了江苏省酒类管理办公室的大力支持，为其提供了很多重要的行业资料，大大方便了市场调研工作。

经过两周左右的调研,主办方发现,全国著名的酒厂有 800 多家,江苏省共有酒类经销商 23 万家。对于酒厂来说,部分厂家不愿意参加全国糖酒会,因为太笼统的展会起不到解决区域市场问题的作用。即使参加全国糖酒会,目的也是与现有经销商沟通,所以在一定意义上他们是欢迎这种地区性糖酒会的;对于经销商来说,参加全国糖酒会非常容易迷失在浩瀚的产品海洋里,根本没有机会分辨产品的优劣,造成一定的信息不对称。而参加区域性糖酒会就不同了,参展的企业较少,现场环境明朗,有更多深层次沟通的机会。调研结果显示,举办区域特色的糖酒会市场前景是不错的。

市场调研过程中还得到一个比较令人振奋的信息,江苏省政府和江苏省经贸委近些年来一直致力于振兴苏酒。作为全国酒类生产消费大省,这几年苏酒的竞争力逐年下降,省政府一直在寻求苏酒的振兴之道。而作为专业展会,该展会应该对振兴苏酒起到一定的作用,于是主办方找到省经贸委,立即得到相关领导的重视与支持,展会的市场前景更加看好了。在此基础上,展会在组织机构上确定了以省经贸委牵头,省酒类管理办公室、省酒类流通协会和南京国展中心为具体承办单位的基本架构,招展、招商以及宣传工作全面启动,激活前期搜集的客户资料,及时反馈市场信息。

由此案例可见,市场调研是成功举办会展活动的基础,它不仅帮助会展主办方识别和选择有利可图的市场机会,而且向主办方反馈相关市场信息,为制订会展营销决策提供重要依据。

(资料来源:http://www.expoinchina.com)

案 例

新加坡会议与展览管理服务有限公司董事长阐述会展企业
拓展海外市场面临的风险以及市场调研对海外办展的重要影响

2007 年 4 月 20 日,"亚洲电动游戏大会"新闻发布会在北京举行。据悉,这是新加坡会议与展览管理服务有限公司与德国莱比锡展览公司首次合作。此次发布会的举办,标志着两家跨国展览公司的项目合作进入实质性阶段。会后,作为新加坡展览行业的龙头企业——新加坡会议与展览管理服务有限公司董事长廖俊生接受了本报记者的专访,重点阐述了会展企业拓展海外市场面临的风险以及市场调研对海外办展的重要影响。

面对频繁的爆炸和政治争端,是要逃命还是要展览?2002 年 3 月,当廖俊生刚把目光投向巴基斯坦,没想到就面临这样的抉择。廖俊生告诉记者,就在巴基斯坦纺织机械展览会开幕的前几天,一场谁也没有料到的浩劫悄然逼近。印度大兵压境,战争一触即发;美国和法国驻巴基斯坦领事馆相继发生爆炸,多人受重伤。面对动荡的局势,廖俊生回忆说,如果不是有很多参展商已把机械运到巴基斯坦,或许他真的会离开这个是非之地。根据对巴基斯坦市场的多年研究,他最后毅然决定延期办展。3 个月后,廖俊生的展览虽只剩下 800 平方米,却没赔一分钱。在这场博弈当中,他赢得了难能可贵的信誉,使第二年的展览面积从 2002 年的 800 平方米跃升至 2800 平方米,到 2004 年展览面积又达 5600 平方米。

"风险总是与机遇并存,高风险就会有高回报。"廖俊生用这样的话总结当年在巴基斯坦作出延时办展的决策。当然,决策的背后有他对巴基斯坦市场独到的见解。

据了解,去年北京某公司在前往泰国举办汽车用品展时,也遇到相似的政治风波——泰国军事政变,使赴泰办展计划夭折。当记者问展览公司在海外办展如何规避风险时,廖俊生说:"海外办展前期调研很关键,这包括政治、经济、社会、技术四方面。值得重点关注的是,前期调研目标国家的经济因素比较重要,如果市场需求大,即便存在政治风险,也会有高额的回报。"谈到市场调研,廖俊生用一个失败的案例生动地阐述了市场调研的重要性。2002年他第一次来到中国上海举办美食展却以失败告终。究其原因,廖俊生坦言主要是市场调研不够专业和细致,没有深入了解公众的需求,更没有从行业的角度去统计分析上海展览业的格局,缺乏深度的市场调研,结果为拓展展览市场决策埋下了隐患。

据廖俊生介绍,他1982年开始到泰国办电脑展,1987年又到泰国办了六届国防展,1993年应泰国空军邀请做了航空展。然而,随着全球会展业的兴起、展览公司的增多,他的公司面临更加激烈的竞争。例如,随着泰国人对展览业的不断了解,一些本地公司开始尝试办展,压低价格进行恶性竞争。这种新展览格局的形成,对境外展览公司非常不利,使得他的展览公司最终退出泰国展览市场。

"目前,拓展国际展览市场最大的困难就是同类型展览项目太多,想找个题目好、市场又大的展览项目不容易。"廖俊生如是说。在亚洲国家,新加坡较早介入会展业,20世纪80年代,许多新加坡人开始拓展海外展览市场。与此同时,很多国外公司如德国的慕尼黑、汉诺威等展览公司也到新加坡办展。廖俊生的公司就是在这样的背景下慢慢地拓展海外市场。当记者问及作为新加坡展览行业的代表最大的优势在哪里时,他十分自信地说:"我所做的展览都非常专业,这是我最大的优势。"

他强调,要想做非常专业的展览,第一要了解市场需求。如果没有好好地去做市场调研,你就无法真正察觉到市场需要哪些产品。办展时,你要知道谁是真正的买家,这样才能找到卖家。第二,把买家和卖家分类,这样才能更好地为他们服务,更好地安排展会事宜。第三,在网上预约买家、卖家。"我们举办的展览,如在北京举办的旅游展览都是这样做的。"廖俊生表示。除此之外,廖俊生还认为,开拓海外展览市场,一方面要与当地的行业协会、商会、知名展览公司进行必要的联系,多方听取意见、搜集信息,以便更准确地判断国际展览市场的现状和格局;另一方面要根据企业资源,与国外展览公司进行深层次的展览项目合作,利用双方的优势互补拓展海外市场,实现共赢。

(**资料来源**:季春红. 中国贸易报. 2007 - 06 - 18.)

第五章 会展市场细分及目标市场定位

近年来，我国会展业的发展速度非常快，会展企业之间的竞争态势已经呈现。今后，随着这个行业的进一步发展，尤其是国外实力强大的会展企业在会展服务、资金等方面的介入，会展业的竞争将进一步加剧。同时，各类与会者如参展商和目标观众购买会展服务的选择余地也日渐增大，需求更加多样化。在这样的大背景下，会展企业需要增加会展对各类与会者的吸引力，争夺客源市场。其实，任何会展服务的供给者，不论是一个会展企业，还是一个国家或城市，都不可能面向整个国内、国际市场，满足所有与会者的要求。因此，会展企业有必要将展会的主要与会者按不同的需求特点细分为几个部分，把需求基本相同的部分划分为一个细分市场。

第一节 会展市场细分的概念及细分的意义

所谓目标市场，就是会展企业为实现预期目标而要进入的市场，是会展企业营销活动所要满足的市场。会展企业的一切活动都是围绕目标市场进行的，目标市场当然要进行选择。

会展企业确定目标市场是在细分市场的基础上进行的，怎样选择一个有利的会展目标市场也是一项细致的工作。市场细分为目标市场的选择奠定了基础，目标市场必须是具有这样特点的细分市场：第一，目标市场是企业的服务对象，是企业有能力满足的部分需求，并有竞争优势；第二，在目标市场范围内，消费者对企业的产品有现实的和潜在的购买能力，并不断发展；第三，目标市场是企业开拓的市场中最有价值的细分市场。这个市场既能满足社会需求，又能给企业带来较好的经济效益。

一、会展市场细分的概念

"市场细分"这一概念，是由美国市场学专家温德尔·斯密于20世纪50年代提出，指企业根据消费者需求的差异，按一定的标准把整体市场划分成两个或两个以上各有相近需求的分市场的一种战略方法。细分后的每一个子市场都称为一个细分市场。这一概念的提出，是现代营销思想和策略上的一次革命，对企业营销实践起到了巨大的作用。

基于此，会展市场细分就是会展企业按照目标客户在诸多方面的差异，运用系统方法把整个会展市场细分为两个以上不同类型的"子市场"。然后在这一市场细分的基础上，根据会展企业的经营目标和经营能力，估计每个细分市场的吸引力，选择一个或若干个有利的细分市场作为会展企业营销的目标市场。选择和确定目标市场，明确会展企业的具体服务对象，关系到企业目标和任务的落实，是会展企业制订营销战略的首要内容和根本出发点。

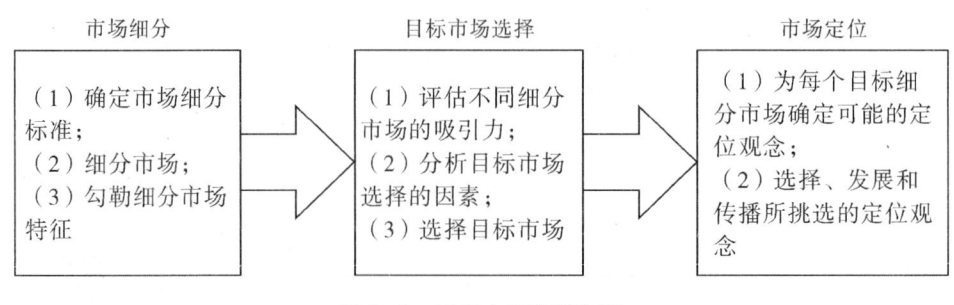

图 5-1　目标市场营销步骤

二、会展市场细分的意义

对会展企业来说，市场细分的重要意义如下：

（一）会展市场细分有利于会展企业抓住市场的营销机会，确定目标市场

市场营销观念认为，对顾客需求的满足是企业营销活动成功的关键。但在营销活动中，企业要面对众多需求与偏好相差悬殊的消费者。通过市场细分，会展企业可以了解目标客户的特征和市场需求状况，知道哪些需求已被满足、哪些需求尚未被满足、哪些潜在需求可以转化为现实需求，从而发现市场机会，并决定是否将该市场作为自己的目标市场。对于会展企业尤其是一些中小企业来说，捕捉被忽视的市场空隙，创造条件迅速地开拓新的市场空间，可以较为迅速地取得市场的优势地位，避免进入已饱和且竞争激烈的市场。

（二）有利于会展企业集中资源

会展企业资源是有限的，而且市场上存在着众多的竞争对手。通过市场细分，有利于会展企业根据自身条件和市场竞争情况扬长避短，合理配置营销资源，集中人力、物力、财力投入到目标市场中，进而在目标市场上获得竞争优势，占领该目标市场。企业同时也可以避开与强劲竞争对手在其他市场的竞争。

（三）有利于会展企业做到有的放矢

通过细分会展市场，会展企业可以发现和掌握会展市场的特征及竞争者的状况，充分了解某细分市场的规模、目标客户需求的特征以及对营销策略的反应，从而有利于会展企业在制订产品价格、选择渠道和促销战略时做到有的放矢。

（四）有利于会展企业提高应变能力

在细分市场中，由于会展企业针对不同的客户群体推出不同的会展服务和营销策略，对市场需求的变化情况比较敏感，比较容易察觉和评估客户群的反应和要求。因此一旦市场发生变化，会展企业就可以利用已掌握的市场信息，根据各细分市场的特点和购买者现实的或潜在的需求，以变应变，迅速而正确地调整会展服务结构和营销策略。

第二节　市场细分的步骤和原则

一、会展市场细分的步骤

会展企业确定目标市场是在细分市场的基础上进行的，怎样选择一个有利的会展目标市场是一项细致的工作。美国营销学者麦卡锡给出会展市场细分的七个步骤。

（一）选定市场范围

当企业决定进入某个行业之后，就应考虑其产品和服务可能的市场范围。会展企业通过对竞争者、目标客户、供应商等微观环境以及社会、政治、自然等宏观环境的调查，结合自身的条件，确定经营目标，选择市场范围。会展市场范围应以市场需求，而不是根据会展服务本身的特征来确定。确定市场范围是进行有效细分的基础，所选择的范围要适当。过大的市场范围会给营销调研活动带来困难，增加营销成本，造成不必要的浪费；过小的市场范围则会限制企业的发展。

（二）列举潜在客户的基本需求

会展企业在确定市场范围后，营销人员通过调查研究，根据人文、心理、购买行为等因素对市场范围内的潜在需求进行大致分析，同时列出所选择市场的所有会展服务需求，包括现实需求和潜在需求，并尽可能进行全面而详细的分类，为进一步的市场细分提供翔实的资料。

（三）分析可能存在的细分市场

通过了解各类目标客户如参展商和观众等对会展服务的所有需求，再根据主要目标客户的地区分布、人口特征、经济状况、购买行为、消费习惯等方面的因素，推测其潜在的市场需求，分析可能存在的细分市场。

(四) 选取重要的差异需求为细分标准

共同的需求虽然重要，但只能作为策划市场营销组合的参考，不能作为市场细分的标准，而应以差异需求作为细分标准。会展企业的营销人员针对可能存在的细分市场对会展的需求，分析相关的影响因素，列出主要影响因素，最终选取重要的差异需求，以确定细分市场的标准。

(五) 根据所选标准细分市场

根据潜在客户需求的差异将其划分为不同的群体或子市场，并赋予每一子市场相应的名称。

(六) 进一步分析潜在客户群体的特点

会展企业要对各个子市场的需求与购买行为特征作进一步的调查分析，以便在此基础上决定是否可以对这些细分出来的市场进行合并或进一步细分，使企业能不断适应市场的变化。企业应当采取不同的营销策略，把潜在客户变为现实的客户，因此，假如他们原来属于一个子市场，现在就应分为两个以上单独的子市场。

(七) 评估不同子市场的规模

把每个子市场与企业数和人口数相结合，计算各个子市场中潜在顾客的数量，推断出各个子市场的市场规模和营销潜力，从中选择有利于企业发展的细分市场。对于那些规模较小、差异性不是特别明显的子市场，可以考虑将其合并到与其最相近的子市场；对那些市场规模较小而差异性又很大的子市场，企业要在充分考虑成本收益的基础上再决定是否进入该市场。

二、有效细分市场的原则

显然细分市场有许多方法，但是并非所有的细分都是有效的。因此要想使细分市场充分发挥作用，必须遵循以下原则。

(一) 细分因素是可衡量的

可衡量性原则包括细分因素、细分市场的范围、容量和潜力四个方面。会展企业实施市场细分时所选用的细分因素是容易衡量的，这样细分后的每一个市场有明确的标准，各有其容易识别的参展商和目标观众群，有助于找到其相似的参展动机等方面的特征。同时，细分市场的范围、容量和潜力都是可以确定的，以便进行定量分析，制订针对性较强的营销策略。凡是企业难以识别、难以测量的因素或特征，都不能据以细分市场。否则，细分市场将会因无法界定和度量而难以描述，市场细分也就失去了意义。所以，恰当地选择细分变量十分重要。

（二）细分出的市场足够大

细分出来的会展子市场必须大到足以使企业实现利润目标。一个细分市场应是适合设计一套独立营销计划的最小单位，而一套独立营销计划的实施从产品和服务的设计到销售，需要付出相当大的代价，成本较高。因此，细分后市场的容量能达到一定的程度，是那些拥有足够的潜在购买者的市场，并且他们又有充足的货币支付能力，以利于企业在这样的细分市场上扩大销售，补偿成本，增加利润总量。为此，市场细分不能从销售潜力有限的市场起步。

（三）细分出的市场是可占领的

会展企业有效的市场细分应符合企业自身的条件，细分出的市场是企业能够对顾客发生影响、能够去占领的，在其人力、物力、财力所能达到的范围之内。而且，企业在这里有竞争优势，利于企业的营销活动的开展，也利于适销对路的会展服务的开发。显然，对于不能进入或难以进入的市场进行细分是没有意义的。

（四）细分出的市场是相对稳定的

会展企业的市场细分是一项复杂、细致、持续的营销活动，细分后的市场应具有很大的潜力，有相对稳定性，以便企业制订较长期的营销计划，实施循序渐进的营销策略，有利于市场的开拓和占领。如果细分后的市场变化快、稳定性不足，会使原有的营销组合在短期内失效，使营销活动前后脱节，加大营销风险。

第三节 会展市场细分的方法和标准

一、会展市场细分的方法

关于会展市场细分的方法，具体来说，有以下五种。

（一）单因素细分法

营销人员选择一个影响目标客户需求的因素作为细分标准，对市场进行细分。采用单因素变量细分法时，所选择的因素通常是对需求影响最大的。例如，按地理区域的不同，把会展市场划分为日本市场、美国市场、欧洲市场；按行业和参展产品的不同，把会展市场分为汽车展市场、纺织品展市场、娱乐项目展市场和化妆品展市场等。单因素变量细分法简单易行，是会展企业可以常用的细分方法。

(二) 多因素细分法

多因素细分法是指选择两个或两个以上的影响目标客户需求的因素划分市场。譬如，会展企业的营销人员选出影响需求的两个重要因素并加以组合，实施市场细分。采用双因素市场细分法可以使细分更精确，所细分的市场需求特点更明显，有利于开展有针对性的市场营销活动。例如：把地理区域和参展产品两个因素组合起来，把会展市场划分为东北地区汽车展市场、华北地区汽车配件展市场等。这种细分方法对市场的细分更加精确，我国的会展企业可以经常使用。

会展企业的营销人员也可以在众多的影响会展需求的因素中，选择较重要的三个因素作为变量加以组合，实施市场细分。例如，按参展企业的地区、产品和参展商的性别三个因素进行细分，会展市场可以分为东北地区汽车展男性参展商市场、华北地区化妆品展女性参展商市场等。这种细分方法更加精细，使得所选择的细分市场的范围缩小，市场容量受到一定的限制，但是每一个细分市场的特征更加明确，有利于企业的市场开拓。

进一步地，还可以选择更多影响因素来细分市场。譬如，按地理区域、参展商的年龄、专业观众的收入、普通观众的职业等因素划分会展市场。采用这种细分方法，可以把市场划分得非常细，使得每一个细分市场对会展的主要需求的特点也很详细，有利于会展企业满足参展商和观众较为细微的个性化需求，提高客户的满意度。但与此同时，也增加了市场细分的难度和费用，若缺乏足够的市场容量，则加大了市场开发的风险。因此，会展企业在采用多因素细分法时要慎重，要考虑成本和收益的比值。如果成本大于收益，只有在市场细分有利于企业的长期可持续发展的利益时才能采用这样的细分策略。

(三) 完全细分法

完全细分法就是把市场上每一个客户都作为一个单独的细分市场。这种细分方法通常只有理论意义，在实际的市场细分工作中不予采用。因为每一个顾客就是一个细分市场，每个细分市场的购买量小，市场的容量不足，企业不愿涉足。当然，在会展业发达的国家和地区，一些会展企业为了吸引长期可赢利的顾客，采用个性化服务策略，对一些VIP顾客则根据其需求设计并销售特殊的服务，这其实可以看做是每一个消费者就是一个细分市场。这种分类方法在迎合重要的可赢利顾客的过程中具有重要的现实意义。

(四) 再细分法

再细分法是指对已经细分的市场，引进新的标准进行再细分，以进一步发现市场空白，寻找营销机会。但是再细分要保证各子市场之间的差异性和各子市场内部的同质性。

（五）反细分法

如果对市场进行过度细分，各子市场规模过于狭小，将导致产品和服务种类增加，使得企业资源过于分散，生产成本和营销成本提高。反细分法就是将许多过于狭小的子市场组合起来以便以较低的价格满足客户的需求，实现会展企业的规模经济。通常有两种反细分法：一是缩小战线，主动放弃过于狭小的子市场；二是将几个较小的子市场合并起来，形成一个规模较大的子市场。

案 例

利用市场信息差别化确定会展目标观众

会展种类繁多，众多的会展中包含几乎所有种类的市场信息。会展具有市场营销的功能，是因为会展中的市场信息通过会展信息交流得以迅速辐射和传播。

市场信息的核心部分主要有两大类：商品信息和供求信息。市场信息的外围部分主要有两大类：市场环境信息和科技动态信息。

会展的专业化是会展的发展方向，而只有专业观众质量高的会展才是真正的会展。信息效用差别化的利用可以很好地提高专业观众的质量，这一点不仅在专业展会中体现得很明显，在综合类展会中也有突出运用。

所谓信息效用差别化是指同一信息对不同的消费者有着不同的效用。比如收听次日天气预报的人可能出于不同的原因：甲为了决定第二天上街购物是否带伞，而乙则为了决定明天是否在室外举行大型活动。不收听天气预报，如果刚好第二天下雨，则甲的损失是淋雨（下雨没带伞），乙的损失是室外活动被迫取消，显然此时乙的损失比甲大。同样一条天气预报信息，显然对于甲乙两个不同的信息使用者所产生的效用有很大的差异。不同种类的信息都有自己特定的利用对象，不同的行为者对信息的需求是不同的，不同的市场行为所需要的信息支持也是不同的。因此参展商重视专业观众，与专业观众进行关于贸易合作的信息交流，信息效用高。

在贸易型展览会上，可向生产者提供所需要的信息有：投入要素的价格信息、生产技术信息、消费者对产品需求的信息、产品的市场价格信息等。消费者所需要的信息有：市场上产品的种类和价格信息，产品的质量信息，产品的性能和用途方面的信息，购买方式（如路程、分期付款、送货上门等）的信息。而营销者则需要了解供求两个方面的信息，同时还要掌握有关市场竞争状况的信息，因此在会展特定时空内高密度聚集各种市场信息。

人才招聘会是一种劳动人事方面的专业展会，提供人才供需的市场信息，包括：向雇主提供有关劳动者知识技能，身体状况和道德水准（如纪律观念、敬业精神等）方面的生产力因素市场信息。而劳动者则可以了解市场对劳动者的需求状况（数量和要求）、工资标准、劳动强度和劳动时间等劳动力市场需求信息。

专业展会的观众贵在精而不在多，最重要的是观众的质量，而不是观众数量。参展商和目标观众有了密切接触的机会后才有可能进行商务交流，参展商参加展会的目的也因此达到。如果参展商面对的是数量更多的普通观众，他们就需花费更多的时间和力气从其中分辨出真正的目标客户。

德国被誉为展会王国，对展会观众有严格的界定。在欧洲，展会数据要由德国会展统计数据资源控制组织（FMK）来审核。就观众的定义问题，FMK认为：购票入场或是在观众登记处登记了姓名和联系方式的人都被称为观众。记者、参展商、馆内服务人员以及没有登记的嘉宾不算在观众之列，这个行规在欧洲普遍通用。

（资料来源：http：//blog.mofcom.gov.cn）

二、细分会展市场的具体标准

会展企业进行有效的市场细分，必须找到适当的、科学的细分标准。现实中，影响会展需求的因素很多而且多变，给细分市场带来了一定的难度。如果大致归纳的话，会展企业细分市场的标准可以归纳为地理变量、参展企业类型、参展目标、人口统计特征等因素。

（一）根据各类与会者所在的地域进行细分

会展企业的实力、市场定位以及展示的会展服务类别的不同，决定了很多会展企业组织的只是区域性的会展活动。各类与会者无论参展商还是观众等，都主要集中在某一区域，从而形成了一个区域性的会展细分市场。显然，对区域性会展活动的宣传和推广，无论是广告的投放还是人员促销，都需要局限在某一限定的区域内，超出这一区域就只能浪费人力、财力、物力，无法达到预期目的。

可见，用地域作依据是会展企业经常使用的市场细分手段。会展企业、各类与会者都具有地域性，是坐落在某个具体地域内的。地理细分是指将会展市场划分为不同的地理单位，如国家、地区、省市等，会展企业可以选择一个或几个地理区域开展业务。当然，随着社会经济的发展，地域性会展企业变得越来越不明显了。另外，地域可作为细分标准，还因为不同地区的企业对会展项目的需求有所不同。各地由于经济发展水平、区域经济结构、产业结构等因素的影响，形成不同的会展项目认购习惯和偏好，并有不同的需求特点。通过这种地域市场细分，会展企业应考虑将自己有限的资源尽可能投向力所能及的、最能发挥自身优势的区域市场中。

（二）根据各类与会者的与会目标进行细分

譬如对参展商来说，作为展出基石和方向的参展目标，主要是根据参展商的发展战略和市场条件制订的。参展目标分为销售类目标和非销售类目标。销售类目标即为成交，签订贸易、技术、投资、经营等合同或协议，是实业界普通重视的展出目标。非销售类目标则可以归纳为五类。第一类是基本目标,具体包括:了解市场、寻找交易机会、交流经验、了解发展趋势、了解竞争情况、检验自身的竞争力、了解本企业所处的行业状况、寻求合作机会、向市场介绍自己的企业和产品。第二类是宣传目标,主要包括:建立个人关系、树立良好的企业形象、了解客户的需要、搜集市场信息、加强与新闻媒介的联系、接触新客户、了解客户情况、挖掘现有客户的潜力、训练职员调研以及推销技术。第三类是价格目标,包括试探定价余地、将产品和服务推向市场。第四类是营销目标,主要包括:扩大销售网络、寻找新代理、测试减少贸易层次的效果。第五类是产品目标,主要包括:推出新产品、介绍新发明、了解新产品推销的成果、了解市场对产品系列的接受程度、扩大产品系列。参展目标不同的参展商,对展会提出服务的数量和质量的要求也各不相同。

(三) 根据各类与会者的产品类别进行细分

就参展商的产品来说,绝大多数会展的参展商通常只生产少数几种或者几类产品,即使多元化特征非常明显的企业通常也只是生产和经营一类或几类产品,生产同类产品的所有企业构成行业。绝大多数展览会都是按照行业划分的,会形成各种各样的同类产品主题展览会,如服装展览会、汽车展览会、照明器材展览会、化工产品展览会等。不同产品对展会的特殊需求主要体现在场馆需求的差别、交通运输需求的差别、展会广告宣传需求的差别等方面。会展企业可以根据不同参展商产品对展会的特殊需求,提供有针对性的服务。

(四) 根据各类与会者的实力进行细分

单就参展商而言,参展商对展会的场馆、展台布置、专业观众的数量、参展价格、其他参展商的知名度、展会的宣传力度、展会举办的时间和地点等方面表现出不同的需求特征。尽管除了诸如"中小企业投资洽谈会"等少数会展产品以企业规模作为市场细分依据外,大多数会展企业对参展商的要求并没有规模方面的限制。不过,一般来说中小企业的实力较弱,能承担的展会费用较少,对场馆和其他方面的服务的要求不高,而大型企业在人、财、物方面的实力较强,对展会的场馆、宣传、专业观众和普通观众的组织以及交通等方面的要求也较高。会展企业在展会宣传和推广过程中,对待大企业的策略和对待中小企业的策略确实有所不同。要重视大型参展企业的需求,努力稳固这一细分市场。

(五) 根据各类与会者的不同成长阶段进行细分

譬如处于不同成长阶段的参展商,由于在企业发展战略、价格策略、参展目标、社会活动能力、企业知名度等方面存在较大的差异,对展会提供的服务会产生不同的需求,因此,会展企业需要掌握参展商的处于不同成长阶段这一特点,以便有针对性地提供服务项目。

(六) 根据各类与会者的收入和消费水平进行细分

就普通观众而言，按照人们收入和消费水平的差异可以把整个市场划分为"低档"、"中档"和"高档"三个细分市场，分别与"低收入水平"、"中等收入水平"和"高收入水平"三个消费群体相适应。

除此之外，会展企业也可以按照人口统计的其他特征进行划分，如语言、民族、地区等。例如，在中国澳门举办的"中国与葡语国家经贸合作论坛"就是一个按照语言特征细分出来的会展产品。

在现实中，会展市场还会有更多的细分标准。会展企业学会会展市场细分方法的主要目的，是要通过细分从庞大的市场受众中选择出需要重点宣传和推广的目标对象，而且目标对象范围越小、宣传和推广的目标范围内潜在客户密度越大，则宣传和推广的效果就会越好。

第四节 目标市场选择及会展市场定位

会展企业一旦选定了目标市场，就要在目标市场上进行产品的市场定位。市场定位是企业全面战略计划中的一个重要组成部分，它关系到企业及其产品如何与众不同，与竞争者相比有多么突出。

一、市场定位的含义

"市场定位"一词的始创者艾尔·里斯（Al Ries）和杰克·特劳特（Jack Trout）认为，定位起始于产品。定位并非是对产品本身采取什么行动，而是针对潜在客户的心理确定一个适当的位置。里斯和特劳特认为著名的产品一般在客户心目中都占据一定位置。

会展市场定位是对会展企业自己的会展服务进行定位，对自己的企业形象进行定位，从而使其能够在目标市场中占有一个独特位置。为此，会展企业需要了解目标客户的需求特征，尤其是他们的主要需求，分析其对会展服务价值的理解，给目标客户留下好印象，确立企业形象。

会展企业的会展服务在客户心目中的位置受很多因素的影响，包括客户自身的一些因素，如学识、经历、收入水平、社会地位、性格等，都会在一定程度上影响其定位。同时，当然也包括会展企业方面的因素，如企业所处的位置、历史、外在形象等。另外，经济、社会、法律等外在环境也是影响因素。因此，会展企业的市场定位要结合实际情况，当条件发生变化时，定位及其定位策略也要作相应调整。

会展服务的提供和消费在同一时间、同一地点进行，各类与会者需要位移至目的国或地区才能实现消费。参展商在购买展位前不能直观地观察到将要举行的展会情况以及将会购买到的产品和服务的具体内容。其购买决策往往取决于参展商对展会举办地、展会主办者和承办者及其所提供的展会产品和服务的既有印象,即展会举办地、展会主办者和承办者以及其产品和服务在目标顾客心目中的位置。

案 例

利用国内大型会展城市的定位

1. 北京：展览总量居全国之首

北京由于其特殊地位,一直是中国会展城市中的老大,展览总面积居全国之首,展会规模、档次全国领先。预计到2010年,北京展览市场总规模将达到40亿元。北京举办的展览会以经济技术类为主,在全国率先形成了中国会展产业的雏形。但由于现有展馆超负荷运转,设施严重老化,使得北京对大型展馆的需求日显突出。

据统计,北京每年的国际展已达250多个。在具备举办大型国际展览资格的全国近250家展览公司中,北京就占据了一半多。近几年,北京会展业依然保持较快的发展势头,成为中国办展办会数量最多的城市。

2. 上海：初显国际会展中心魅力

20世纪90年代,上海的会展业加速发展,全国性或国际性会展数量以每年近20%的速度递增,其中50个已有相当的国际知名度。上海陆续兴建了国际展览中心、世贸商城、农展中心、光大会展中心等新馆,展览面积都在两三万平方米。目前,上海正与德国三大展览公司联合投资兴建上海新国际博览中心。在上海,会展市场的竞争已趋于国际化、白热化。APEC余音在耳,工博会又闪亮登场,两个车展闹得沸沸扬扬……此起彼伏的国际性会议和展览,使上海日渐成为中国乃至世界关注的焦点,并开始显现出国际会展中心的魅力和风采。

3. 广州：广交会带来百展争雄

开放程度高是广州会展业最大的特点。依托广交会的影响力,广州周边地区出现了百展争雄的格局。广州是华南政治、经济、文化的中心,也是国内会展业发展最早、会展经济最活跃的地区之一。展览数量、展览面积、展会规模和影响,都位居全国前列。据不完全统计,广州地区每年举办各种展览会上百个,其中国际性展览占1/3强。既有"中国第一展"的广交会,也有后起之秀的广州博览会、美容美发博览会等。

如今,广交会已走过45个春秋,举办了90届,是中国目前历史最长、层次最高、规模最大、商品种类最全、到会客商最多、成交效果最好的综合性国际贸易盛会。广交会中国出口商品交易会展览馆占地9万平方米,展览面积达16万平方米,是中国目前最大的展览馆。

4. 大连：依托服装展异军突起

许多人都已淡忘,大连曾是一座重工业城市。大连产业结构的调整,会展业居功至伟。会展业在这座城市中有着十分重要的战略地位,十几个如"大连服装节"这样的定型名牌展会,撑起了大连的会展经济。

以1996年大连星海会展中心落成为标志,大连展览业开始作为一个行业迅速发展起来。短短几年内,经贸展览项目由少到多,展览规模从小到大,展览主题由单一到多样,展览性质由综合到专业,以每年20%的速度快速增长并逐渐成熟起来。目前,大连市在中国内地会展城市排名中,位列北京、上海、广州之后。大连的会展业作为一个新兴行业,从一开始便以高起点、发展快、潜力大、规范操作为特点,迅速成为大连市新的经济增长点和创建国际名城的支柱产业之一。大连市会展经济的起步和发展,充分显示了大连市政府的远见卓识和高屋建瓴。

5. 深圳:以高科技展独辟蹊径

在深圳,除了与新经济和高新技术产业发展相呼应的会展,如高交会、国际互联网展,大部分是与传统产业相适应的各类展览,如钟表展、家具展。深圳展览业的发展,有过初期的原始积累,也有过中期的发展。从老国展中心的兴起与倒闭,到深圳高交会出现前夕,深圳展览业一路走来起起落落,直到1999年以高交会为龙头展会的举办才将深圳会展业推向高潮。

随着高交会的成功举办,深圳展览业迎来了发展的春天,展览公司和各种展会如雨后春笋般地冒出来。2000年至2001年两年间,深圳共举办各种商业展会200多个,并形成了一些知名的深圳品牌展会,如钟表展、礼品展、高交会等。深圳得天独厚的地理位置,四通八达的交通网络,日渐完善的服务体系,使会展业发展的前景非常广阔。

(资料来源:http://www.shoes.net.cn)

二、市场定位策略

市场定位策略实质上是一种竞争策略,显示了一种会展服务与其他会展企业同类服务间的竞争关系,是会展企业在已经确定的目标市场上如何处理与其他企业竞争的关系的基本思路。基本策略有如下三种。

(一) 避强定位策略

这是一种避开强有力的竞争对手的市场定位。其优点是:能够迅速地在市场上站稳脚跟,并能在目标客户心目中迅速树立起一种形象。由于这种定位方式市场竞争风险较小,成功率较高,常常为多数企业所采用,但空白的细分市场往往同时也是难度最大的细分市场。

避强定位策略又有填补空缺式定位策略和特色定位策略之分。

填补空缺式定位策略是一种不与竞争者直接冲突,而是重新开拓潜在市场的战略。该策略的实施必须具备以下条件:

(1) 本会展企业有提供高品质服务的能力;
(2) 本会展企业以相对较低的价格出售高品质服务,仍能赢利;
(3) 能够使目标客户相信本会展企业的服务质量比较好。

特色定位策略是一种突出自己与众不同的特色,另辟蹊径式的定位策略。该策略实施必须具备以下条件:

(1) 本会展服务的独有特色会受较多目标客户的喜爱;

(2) 其他会展企业未注意该市场或不愿改变其服务特色，因而使本会展企业有机会先入为主。

（二）迎头定位策略

迎头定位策略也就是同最强的竞争对手"对着干"的定位方式，是指企业根据自身的实力，为抢占较佳的市场位置，不惜与市场上占支配地位的、实力较强的竞争对手发生正面竞争，使自己的产品进入与对手相同的市场位置。显然，这种定位策略有时是一种危险的战术，但不少会展企业认为这是一种更能激励自己奋发上进的可行的定位尝试，一旦成功就会取得巨大的市场优势。在实施时，会展企业必须知己知彼，尤其应清醒地估计自己的实力，不一定要压垮对方，只要能平分秋色，对企业来讲就已经是获得了巨大的成功。该定位策略的实行必须具备以下条件：

(1) 本企业能比竞争者提供更好的会展服务；
(2) 市场容量大，足以吸纳两个以上竞争者的会展服务；
(3) 本企业所拥有的资源不低于竞争者；
(4) 该市场定位与企业的特长和信誉相适应，企业有较高的竞争艺术和信誉。

（三）重新定位策略

通常是指对销路不佳、市场反应差的会展服务进行二次定位。重新定位旨在摆脱困境，重新获得增长与活力。造成困境的原因可能是会展企业决策失误引起的，也可能是企业自身的实力发生变化，或对手有力反击以及出现新的强有力竞争对手，或会展企业所处的外在政治、经济、社会、法律、技术等因素发生较大的变化造成的。

第六章 会展服务定价方法与技巧

第一节 会展服务的价格体系

会展不是一件可以单独出售的"商品",而是由一系列产品和服务构成的综合性"服务包"。会展本身是没有价格的,它的价值需要通过与其紧密相关的一系列产品和服务的价值体现出来。会展销售人员不是销售会展,而是销售会展举办过程中的具体服务。与此相对应,会展产品定价不是给整个会展定价,而是给会展举办过程中的具体服务定价。从会展企业的主要收入来源看,会展服务定价工作主要涉及三类服务的价格确定问题:会议场地及展位价格、广告价格、入场券价格。下面结合具体实例简要介绍这三类服务价格的主要内涵。

一、会议场地及展位价格

会展服务价格是会展服务价值的货币表现,是会展项目竞争力的重要组成部分,在很大程度上影响会展服务在市场上的销售。

就展会而言,展会服务价格主要由展位价格、指定运输商的运输费、指定展位搭建费等构成。若参展商自己雇用运输商和搭建商,那么展会服务价格就等于展位价格。一般情况下,指定运输商的运输费和指定层位搭建商的搭建费是会展企业和他们双方协商的结果,会展企业先预付这部分费用,然后把这部分费用转嫁在展位费中一并向参展商收取。会展企业为了尽量降低展会服务的成本,一般会同指定运输商和指定展位搭建商谈判使这两种费用降到最低,吸引参展商来参展。这样会展企业要决定的展会服务价格就剩下展位价格了。

展位价格就是展位的出售价格,是展会服务价格中最重要的部分。按展位不同,展位价格可分为标准展位价格和空地价格;按场地不同,展位价格可分为室内展位价格和室外展位价格。会展的策划和举办过程中,会展企业首先需要根据会展的预期规模从会展中心"批发"一定面积的场地或者一定数量的展位,然后再把这些空间以可以计量的单位(如平方米以及标准展位)"零售"给参展商。

会议场地及展位招商是会展营销业务的核心工作,会议场地及展位销售收入是会展企业最主要的收入来源。一般情况下,在特定时间内会展中心对外出租展场的价格虽然差异不大,但是以同样价格预定的场地,不同会展企业向参展商零售场地或者展位的价格却有较大差异。其中的原因,除了会展项目自身的影响力以外,营销人员是否娴熟地掌握定价方法、规律和技巧也是决定场地或者展位价格合理与否的关键。场地或者展位价格的制订涉及的内容较多，而且定价的方法与策略对其他会展服务的价格制定具有借鉴意义。

二、广告价格

广告宣传收入是会展企业的重要收入之一。如何挖掘展会的宣传促销平台价值并为参展商等目标客户提供广告宣传服务，是会展营销人员的重要工作。一般来说，展会期间的广告价格主要取决于展会自身的影响力，具体包括展会规模、参展商以及观众的质量和数量以及市场地位等。除此之外，还取决于具体的宣传平台在展会举办的前前后后接触目标受众的多少，以及被媒体曝光的机会。总体来说，展会广告的价格既取决于受众的多少，也取决于这些受众是否能够满足参展商的要求。某种媒介能够帮助参展商接触到的高质量的目标客户越多，参展商愿意支付的广告费用就越多；反之亦然。展会中不同广告媒介的宣传效果不同，从而决定了在展会的广告宣传方案中，不同的宣传平台对应着不同的价格。表6-1是某国际铝工业展览会的广告宣传平台及价格体系。

表6-1　某国际铝工业展览会的广告宣传平台及价格体系

宣传平台类型	广告价格（人民币）
参观券	50 000元
网站宣传	① 主页上的条幅广告每三个月15 000元 ② 观众服务板块内的广告每三个月10 000元 ③ 展商服务板块内的广告每三个月10 000元
展会预览（印刷品）	15 000元
会刊广告	① 封面条形广告25 000元 ② 封底25 000元 ③ 封内第一、二页20 000元 ④ 封底第一、二页20 000元 ⑤ 中间页10 000元 ⑥ 公司商标1 500元/个 ⑦ 新产品目录1 000元/个
现场条幅广告（不含制作费）	1. 主入口条幅广告60 000元 2. 展馆内条幅广告（取决于位置）10 000元（单面）、15 000元（双面） 3. 高架走廊条幅广告10 000元（单面）、15 000元（双面）
广场展板	30 000元，不含制作费
电视墙广告（数字屏幕）	10 000元，5分钟/小时（展会期间循环播放），不含制作费
路面标志	20 000元/组

续表

宣传平台类型	广告价格（人民币）
"您在这里"标志牌	20 000元
手提袋	60 000元/6 000个，含制作费
观众吊带	50 000元，含制作费
通行证	50 000元，含制作费
员工制服	20 000元
矿泉水标志带	40 000元/6 000瓶，含制作费
彩虹门（含制作费）	1. 直径12米，20 000元 2. 直径15米，25 000元 3. 直径18米，30 000元
PVC气球	每个10 000元，含制作费
啤酒花园优惠券和餐巾纸	20 000元，含制作费
观众登记处（登记台装饰）	50 000元
贵宾/买家合作活动（贵宾邀请卡/贵宾室装饰等）	60 000元（独家）
产品展示（网站及登记区展板等）	30 000元
展商技术交流会	10 000元/小时

从表6-1可以看出，这是一份非常有代表性的展会广告宣传产品及报价单。尽管这些平台服务不一定能全部销售出去，但是会展企业在挖掘展会的广告宣传机会方面几乎做到了极致，对其他会展企业的广告宣传产品的开发具有重要启示。

"赞助"也是会展营销人员的重要销售对象，赞助价格是整个展会服务价格体系的构成部分。一般来说，赞助价格的高低与展会的影响力、赞助商数量、赞助类别等因素有关。影响力越大的展会，赞助价格越高；对于单个赞助项目，独家赞助商支付的价格要高于多家赞助商支付的价格；赞助商赞助事项的级别越高，支付的价格越高。表6-2是某博览会的广告赞助方案，它告诉我们会展企业为什么将赞助划分为不同类型？不同类型的赞助项目为什么价格会有明显差异？

表6-2 某博览会广告赞助方案

赞助类型	赞助金额（万元人民币）	赞助类型	赞助金额（万元人民币）
特别赞助	100	开幕晚会赞助	40
摄影比赛赞助	60	鸣谢单位	10
开幕式赞助	50	祝贺单位	5

三、入场券价格

一个展会从立项、研究、策划到组织和实施，都面临另一个销售问题——入场券销售。作为商业性的会展,主办方、承办方都是以赢利或制造声势、提高知名度为目的,但无论要达到哪种效果,都必须首先吸引与会者的到来,否则就是纸上谈兵。入场券销售做得好,既可以获得一部分经济利益,还可以造成火爆的气势,吸引一些潜在的目标客户前来参与,赢得额外利润。

不同类型展会的观赏价值不同。有的展会如航空展、汽车展、珠宝展等,通常情况下特别具有观赏价值,展会期间能够吸引大批观众参加;而有的展会主要针对工业用户,个人的观赏价值较低,通常情况下不会有太多观众参观。为了有序地控制展会入场人流,同时增加会展企业的收益,会展企业往往针对不同展会实行不同的观众入场管理措施:有的展会观众只要在现场交换一下名片并填写观众登记表,就可以免费入场参观;有的展会为了提前预知参观人数,规定只有网上预先登记的观众可以免费入场,现场登记观众需要购票入场;而有的展会不管是否预先登记,所有观众都必须购票参观。对一些观赏性较高的展会来说,入场券收入通常成为会展企业重要的收入来源。

现在,随着我国会展业市场化程度的提高,展会门票价格在绝大多数情况下不再受到政府的限制,而是由会展企业根据企业经营和现场管理的需要自行决定。通常情况下,门票价格的高低主要取决于展会的影响力和展览内容的可观赏性。影响力大、可观赏性高的展会,组织者往往制订较高的门票价格;不具有观赏价值的纯粹交易型展览会,通常免费对观众开放。

第二节 影响展位价格的因素

选择以展位价格为基础,主要有两个原因:一是因为展位销售是会展营销中的核心工作,展位费是会展企业的主要收入来源;二是展位价格机制的形成具有典型性,能够为其他各类服务的定价带来有益的启示。展位究竟定多高的价格,通常是由多种因素决定的。这些因素主要包括展会的运作成本、展会的市场影响力、同行业的平均利润水平、同类展览会的竞争程度等。以下从会展企业的内部因素和外部因素两个视角,具体分析影响展位定价的各种因素。

一、内部因素

内部因素是指会展企业自己可以控制或者通过努力可以改变的因素。通常情况下,影响展位价格的内部因素主要包括四个方面。

(一)会展企业的整体运营成本

很多会展企业同时运作多个展会项目,这些项目在生命周期、行业地位、成本水平、赢利能力等方面通常有较大差异。为了确保会展企业的稳定经营,会展企业在对某个具体会展项目定价时,通常需要从企业经营的整体战略出发,除了考虑项目本身的运行成本外,还要考虑整个企业的全局经营状况,通过赢利项目的收益支持新导入的项目，并弥补个别项目的暂时亏损。

(二) 会展企业自身的价格目标

出于不同的价格目标，会展价格也不尽相同。展会的价格目标一般有利润目标、市场份额目标、撇取目标、生存目标四种，在制订展会价格时，这些目标是会展企业需要考虑的重要因素。以利润为目标进行定价主要有两种方法：一个是以当前利润最大化为目标定价，二是以会展企业满意的利润为目标定价。前者是追求利润最大化，后者则只要利润达到某一满意水平即可。以市场份额为目标，是指会展企业为了提高市场占有率，最大限度增加展位销售量，扩大展会规模，提升展会在本行业的影响力，可以暂时放弃一些利润，而把价格定得比较低，甚至低于展会成本以吸引较多的参展商来参展。所谓的市场撇取目标，就是会展企业为了在前几届展会取得尽可能多的利润，把自己的价格定得较高。一旦有了同类题材的会展，市场竞争加剧时，会展企业就有了更大的降价空间，从而取得市场的主动权。而生存目标，就是当一个实力不是很强的会展企业刚进入市场时，为了生存，不能将展会的价格定得太高，而会小心翼翼地跟随行业中大的会展企业的价格进行定价。它的注意力不在于利润，而是尽可能地为自己赢得生存空间。

(三) 展会项目自身的成本

展会项目自身的成本是指某个具体展会项目运作过程中承担的成本，包括固定资产的购置费用、项目宣传促销费用以及人力费用等多个方面。由于会展企业的项目运作具有相对独立性，不同项目之间的经营成本相对容易划分。因此，大多数会展企业都是以具体项目的运作成本为依据决定展位基础价格的。

(四) 展会项目竞争力

展会项目的生命周期、运作年限、品牌知名度等因素的差异，通常会导致展会的市场竞争力有较大不同。一般情况下，在展会项目导入期，由于很多参展商和观众并不了解项目情况，对参展和参观往往会怀有谨慎的观望心态，会展企业宜采取较低的价格策略，降低目标客户的参与成本。但是在会展企业用心经营的情况下，随着运作年限的延长，会展项目的知名度和美誉度不断提高，那么展位销售价格也应该相应提高。

二、外部因素

与内部因素相对应，外部因素是指那些会展企业虽然无法控制，但对会展项目的价格同样会带来实质影响的外部力量。具体说，影响展位价格的外部因素主要包括四个方面。

(一) 社会上对本专业展会的需求状况

如果需求旺盛,则可以把价格定得高一些,反之则要定得低一些。需求对展位价格的影响主要通过展位价格的需求弹性表现出来。所谓展位价格需求弹性,是指当价格每变动1%时展位销售量变动的大小。如果价格需求弹性较大,展位价格的降低就会引起展位销售量的大增;如果价格需求弹性较小,展位价格的降低对展位销售量就不会产生什么影响;如果价格需求弹性为负数,那么展位价格的降低不仅不会促进展位的销售,反而会使展位的销售量大幅下降。

(二) 全行业平均展位价格水平

这虽然是一个难以准确计算的数据,但是对那些在会展领域具有较长从业经历的人来说,确实能够感受到全行业展位平均价格水平的变化对某家具体会展企业展位定价带来的影响。如果产业平均利润率较低,而展位价格过高,参展商将无法承受;反之,展位价格就可以相应定得高一些。所以,一个会展项目价格的最终形成,不仅要考虑自己本身的成本水平,而且要考虑相同和类似展会的定价状况。因为参展商是基于整个市场的性价比而作出究竟参加哪家展会的最终选择的,会展企业绝对不能因为自己的成本高而制订较高的展位价格,因为这样一来,最终的结果只能是被市场淘汰。

(三) 展会竞争对手的价格策略

在市场经济体系中,任何一个有利可图的行业,总会有大量的竞争者进入。制订展位价格时,要充分考虑那些与本展会有竞争关系的同类展会的价格状况。为了赢得市场,价格通常是最主要的应对竞争的"利器"之一。在服务水平大致相仿的情况下,低价格的参展费用通常更能够受到参展商的欢迎。所以,会展企业在确定展位价格时,除了考虑自身成本和同行业的平均价格水平外,通常也需要考虑直接或间接与自己有竞争关系的对手价格。例如,当竞争对手在实施低价促销策略的时候,如果本企业不能及时地进行价格调整,很可能就会因此而丢掉市场份额。

(四) 目标客户的价格接受能力

虽然会展企业的经营成本是展位价格形成的基础,展位价格必须使会展企业在扣除经营成本后还有一定盈余,但是这种基于会展企业经营成本定出的展位价格最终能否销售出去,关键还要取决于目标客户的接受能力。如果根据会展企业经营成本定出的展位价格高于目标客户的接受能力,就会给招展工作带来困难。所以,会展企业在决定展位价格时,不能只从自身的成本状况出发,还要考虑目标客户对展位价格的承受能力。除此之外,根据目标客户接受能力来确定展位价格还有更深层次的内涵。因为不同客户通常有不同需求,他们在价格接受能力方面也会有所差异。有的客户宁愿接受较低的服务也不愿支付较高的价格；而有的客户恰好相反，他们对价格不敏感，只要组织者的服务好、参展效果好，即使展位价格高一些，他们同样乐于接受。

总之，展位的价格是受多种因素影响的，既受会展企业内部的经营管理因素影响，也受外部的市场竞争等因素影响。上述影响会展定价的因素往往彼此影响，互相牵制，因此在制订展位价格时，对上述各因素必须全面考虑。例如，在会展的培育阶段，展位的价格目标一般就不能以利润目标为主，否则将不利于会展的发展壮大；当会展在市场上处于领先地位时，即使展位的价格需求弹性很大，也不宜随便降价，因为降价可能会与会展的档次和品牌不符；等等。如果只考虑某一因素而忽视其他因素，展位价格就可能定得不合理。

第三节　展位定价方法

以上详细分析了影响展位价格的各种因素。现实中，会展营销人员如何综合平衡这些因素之间的关系并最终决定展位的价格呢？通常情况下，由于不同会展企业面对的市场竞争环境不同，以及不同会展企业对影响展位价格因素的重视程度不同，决定了不同会展企业在确定展位价格时会采取不同的方法。一般情况下，展位定价方法可以划分为如下五类。

一、盈亏平衡导向定价法

在会展企业最初切入目标市场、需要迅速打开市场的时候，或者处于市场竞争异常激烈以及其他需要适当让利的时候，盈亏平衡定价法就是一个非常值得考虑的定价法。这里的盈亏平衡，指的是会展预计的所有收入恰好能弥补会展的所有支出和成本费用，也就是总收入正好等于总成本，而能够使会展达到盈亏平衡的展位价格就是会展盈亏平衡价格。除一些特殊情况，举办会展最起码的要求，应该是能够达到盈亏平衡的状态。会展的盈亏平衡价格有两种表现方式：一是以单位展位的价格来表示，二是以单位面积的价格来表示。

（一）以单位展位的价格来表示会展盈亏平衡价格

如果会展是以单位标准展位来定价的，并且会展的赢利模式是获取展位费盈余，那么会展的盈亏平衡价格就等于会展的总成本除以会展的总展位数，得出的是每个展位的平均价格。

（二）以单位面积的价格来表示会展盈亏平衡价格

如果会展是以单位展览面积来定价的，并且会展的赢利模式是获取展位费盈余，那么会展的盈亏平衡价格就等于会展的总成本除以会展的总展览面积，得出的是每平方米展览面积的平均价格。

会展的盈亏平衡价格是以生存为目标和以利润为目标的定价策略的重要参考值。如果单位价格低于这个水平，会展就会出现亏损。所以，会展的盈亏平衡价格始终是其他定价方法的一个重要参考值，即都要用它来衡量展位的价格高低水平和赢利程度。

二、成本导向定价法

成本是显示投入大小的重要指标，价格是衡量产出大小的重要指标，如果长期入不敷出，会展经营就难以为继。成本导向定价法是以办展成本作为定价依据的方法。办展成本包括固定成本和变动成本两部分，单位展位的成本需要根据项目财务分析预测的展位销售量来推算。由于考虑的因素相对简单，操作也方便，因此这种定价法常被会展企业所采用。成本导向定价法又分为三种：成本加成定价法、目标收益定价法和边际成本定价法。

（一）成本加成定价法

就是在单位展位成本基础上加上一定的加成金额作为会展企业赢利的一种定价方法。成本加成定价法有两种计算方式。

一种是在成本上附加一个对成本而言的百分比作为单位展位的出售价格。其计算公式为：

$$单位展位价格 = 单位展位成本 \times (1 + 加成率)$$

一种是在展位售价中包含一定的加成率作为会展企业的收益。其计算公式为：

$$单位展位价格 = 单位展位成本 \div (1 + 加成率)$$

成本加成定价法简单易行，很容易给会展定价，有利于价格稳定，还能为价格变动提供适当理由。成本加成定价法对会展企业和会展的客户都很公平，能将利润控制在一定范围内。如果同类会展都采用这种办法来定价，则行业内会难以出现价格竞争的现象。但也有一个重要缺点，它"以产定销"，即没有考虑需求状况。它要求必须精确估算成本和销售量，否则如果实际销售量低于预期销售量，成本就会上升。因此，只有以加成价格成交的实际销售量能达到预期的销售量时，这种定价才会有效。

（二）边际成本定价法

展位的边际成本，是指展会增加一个展位时所带来的总成本的增加。边际成本定价法，即边际成本加边际预期利润后计算出展位价格的方法。它要充分考虑展会的规模效应，并且在展位增加所引起的追加成本的基础上制定价格。边际成本定价法对于已经拥有一定规模的展会希望在该规模上继续扩大规模时十分有用。

（三）目标利润率定价法

这是使展位的售价能保证会展企业达到预期的目标利润率的一种定价方法。目标利润率定价法与成本加成定价法的主要区别在于：第一，前者是根据预计的销售量倒推出单位展位成本，后者却不管销售量如何，先确定展位成本；第二，前者的办展收益率是会展企业按需要和可能自行制订的，后者是按照会展业的习惯标准制订的；第三，前者着眼于举办会展的总成本来定价，而后者则是着眼于单位成本来定价的。不过，只有在预期的销售量和估算的总成本都比较准确时，这种定价法所定出的价格才能保证达到预期的利润率目标。

三、需求导向定价法

需求导向定价法主要是以会展市场需求为导向，以参展商对展会的价值理解和认同程度为依据，并以他们所乐意接受的价格来制订展位价格的方法。常用的方法有两种：

（一）市场认可价值定价法

它是一种以参展商对展会的认可程度和认同价值为依据，而不是以举办展会成本为定价基础来制订展位价格的方法。在实际操作中，会展企业首先通过市场调查来确定该展会在顾客心目中所形成的价值，然后结合展会的规模来确定价格。

（二）心理倾向定价法

它是根据会展客户参加会展的心理特点来确定展位价格的一种方法。在长期的实践中，由于价格与质量、价格与支付能力之间存在着密切的关系，客户形成了多种与价格有关的心理倾向。这些倾向可以成为定价的基础，例如客户倾向于"从众"的话，会展企业定价时也可以"从众"，把价格定得与其他同类会展的价格基本一致；客户倾向于"按质论价"的话，会展企业定价时则可以按本展会的声誉、地位来确定展位价格。

四、竞争导向定价法

竞争导向定价法是会展企业根据竞争各方的力量对比等情况来确定展位价格的一种定价方法。常用的方法有三种：

这是一种以与组织者形成竞争关系的同类或相似展会的展位价格为参照标准制订展位价格的方法。通常有四种形式：

(一) 领先定价法

领先定价是指会展企业不管竞争对手展位价格如何调整，总是按照既定的价格方针，推出的展位价格总是领先于市场，实施自己的独立价格策略。其他会展企业的展位价格基本是跟随其调整的。一般情况下，只有具有雄厚的资金实力、在市场上具有重要影响的会展企业才敢于采取这种定价方法。如果因为竞争对手降低展位价格等原因导致本企业市场受到威胁，会展企业通常采取提高服务质量、增加服务项目、加强客户关系管理等措施加以弥补。

(二) 随行就市定价法

它是会展企业根据本题材展会或本地区展会的一般价格水平来制订展位价格的方法。这种方法适合于处在完全竞争市场中的展位定价。此外，对于那些难以估计展位价格与需求量之间关系的会展项目，"随行就市"集中了行业展会现有的经验，可以在很大程度上规避定价风险。同时，采用这一定价方法还可以避免展会之间的过度竞争、排挤，对竞争能力较弱的中小展会十分有利。

还有一种是会展企业为了应付或者避免竞争，或者为了稳定市场以利于长期经营，跟随龙头企业定价的定价法，即定价总是跟随龙头企业的价格调整而调整，一般不挑起同行业的价格战，是一种适应市场竞争的防御策略。

(三) 渗透定价法

它是会展企业以打进新市场或者是扩大市场占有率、提高市场地位为目标，以较低的价格打入市场的一种定价方法。这种定价方法的特点就是在制定价格时主要根据市场竞争的需要，而较少考虑办展成本、利润等问题，往往从长计议。

五、投标导向定价法

它是会展企业在规定时间内，采取公开招标的方式，由客户投标出价竞购，以客户愿意支付的最高价格成交的定价方法。特别是展会资源如冠名权、展位、广告位等稀缺时，可广泛采用投标定价法。

会展企业在具体制订展位价格的时候必须注意到，包括其他四类定价法在内的这五类定价法之间并不是"非此即彼"的关系。展位价格的最终形成，通常是综合考虑多种因素的结果，只不过对不同会展企业来说，不同因素在价格决定过程中起到的作用有所不同而已。

第四节 差别定价和折扣定价技巧

会展企业在制订展位价格时,还需要注意一些常用的定价技巧。这些技巧的适当运用,不仅有利于敦促参展商按时付款,而且对于鼓励参展商扩大认购展位面积、多家联合参展以及连续参展等都具有明显的效果。以下从差别定价和折扣定价两个视角,简单介绍会展企业常用的定价技巧。

一、差别定价技巧

差别定价技巧是指会展企业利用展位的类型、场地位置、客户类型、报名和支付时间等方面的差异,采取的旨在获取更高收益或者争取更多客户的定价策略。常用的差别定价技巧主要有以下几种。

(一)不同展位,不同价格

这是指会展企业将展位划分为不同的类型,再根据展位类型的不同,制订不同的展位价格。一般说来,会展企业通常会把展位划分为标准展位和特装展位两种类型。标准展位是指按规定的标准模式统一进行摊位搭建、面积为 3 m×3 m,并包含基本配置的展位,通常情况下,主要配置有地毯、展板、中英文楣板、一桌三椅、一个电源插座、两只射灯、一个纸篓等。当然,不同的展会其标准展位的基本配置可能会有所差异。特装展位是指会展企业不采取标准搭建的模式,而是根据参展商申请的预留空地,由参展商根据本企业的形象及产品展示需要进行特殊设计及装修施工的展位。当然,以上两种展位类型只是常规的划分方法,具体到某一个展会,会展企业会从实际情况出发划分出更能满足参展商需求的展位类型。表 6-3 是某国际钟表珠宝礼品展览会提供的展位类型及报价,可以从中了解到不同类型的展位在价格上的差异。

表 6-3 某国际钟表珠宝礼品展览会展位类型及报价

展位类型	展位说明	展位价格
A 型	9 m² (3 m×3 m),三面挡板(标准展位配置)	6 600 元
B 型	9 m² (3 m×3 m),两面挡板(标准展位配置)	7 200 元
C 型	12 m² (3 m×4 m),三面挡板(标准展位配置)	9 200 元
D 型	12 m² (3 m×4 m),两面挡板(标准展位配置)	10 200 元
E 型	12 m² (3 m×4 m),两面挡板(除标准展位配置外,含5个高柜)	16 000 元
特装展位	参展商租用空地自行搭建展位	680 元/m² (48 m² 起订)

（二）不同位置，不同价格

这是指会展企业根据展会场地的不同位置，给展位制订不同的价格。通常情况下，靠近门口、通道等有利于观众参观的特殊位置，组织者会制订较高的价格出售；在那些"曝光率"低的角落，展位的价格相对要低一些。下面通过某国际专业灯光音响设备与技术展览会展位报价方案来看一下不同位置不同价格的定价策略。该展会制订的部分价格方案参阅表6-4。

表6-4 某国际专业灯光音响设备与技术展览会部分展位报价方案

区域/类别	净地价格	标准展位价格（3 m×3 m）
优越区（显要位置）	2 000 元/m^2	23 000 元/9 m^2
普通区	1 400 元/m^2	17 000 元/9 m^2
国内区	880 元/m^2	8 800 元/9 m^2

从表6-4可以看出，该展会根据场地中的不同位置，划分了优越展区、普通展区和国内展区三类展览区域，优越展区的光地价格为2 000元/m^2，普通展区的光地价格为1 400元/m^2，而国内展区的光地价格仅为880元/m^2，不同层级的展区价格的差异由此可见一斑。

（三）不同时间，不同价格

这是指会展企业根据参展商报名参展和支付费用的时间不同，给予不同的价格优惠。通常情况下，参展商决定参展的时间越提前，获得的价格折扣越高；参展商支付参展费用的时间越提前，获得的价格折扣越高，反之亦然。这种定价策略的根本目的是鼓励参展商尽早注册，尽早缴费。某国际动力传动与控制、空压机暨通用零部件制造装备展览会价格方案是一个关于不同时间不同价格的实例，可以从中看出"不同时间不同价格"定价策略的含义以及在实践中的应用。其价格方案参阅表6-5。

表6-5 某国际动力传动与控制、空压机暨通用零部件制造装备展览会价格优惠方案

优惠条件	优惠措施
2011年12月31日前参展	惠赠免费会刊彩色广告1页或原展位价格优惠15%
2012年3月30日前参展	惠赠免费会刊黑白广告1页或原展位价格优惠10%

从该展会的价格方案中可以看出，会展企业采取了报名参展时间不同享受的价格优惠不同的定价策略。参展商决定参展的时间越提前，获得的价格折扣越高；相反，越临近展会召开日期，获得的价格折扣越低。

（四）不同客户，不同价格

该策略是指会展企业为了获取更多商业利润或者为了鼓励目标客户持续参展等目的而采取的区分不同客户类型制订不同展位价格的定价策略。通常情况下，同样展位销售给国内客户与国外客户价格会有所不同，同样展位销售给新客户和老客户价格也会有所不同。下面以某国际礼品展览会展位价格方案（见表6-6）为例，具体了解"不同客户不同价格"这种定价策略的含义以及在实践中的应用。

表6-6 某国际礼品展览会展位价格方案

客户	标准展位价格 （3 m×3 m）	净地价格 （3 m×3 m，36 m² 起租，不配有任何设施，由参展单位自行委托设计、装饰）
内地企业	5 300 元	500 元
国际企业	1 300 美元	120 美元（特装修）
老客户及会员客户	在标准展位价格基础上享受5%优惠	在净地价格基础上享受5%优惠

从这一案例中可以看出，会展企业采取了"不同客户不同价格"的定价策略。一方面从参展商的地域来源区分了内地企业和国际企业两种客户，并制订了不同的展位价格；另一方面，从参展商与会展企业的以往业务联系区分了"老客户"、"会员客户"与"普通客户"的差别，并给予老客户和会员客户5%的特别优惠。

此外，还需要特别指出的是，在我国大多数展会中，虽然长期沿袭对国内企业和国外企业制订不同参展价格的传统做法，但是这种歧视性的价格策略同WTO的基本精神相悖。随着我国会展业国际化进程的提高，国内企业和国外企业参展价格的并轨将成为未来不可阻挡的趋势。

二、折扣定价技巧

所谓价格折扣，是会展企业给予客户的一种价格优惠，其主要目的是为了吸引更多的客户到会。不管处于什么发展阶段的会展，是否给予客户一定的价格优惠，是与会展本身的发展潜力和会展的价格策略有关的。如果会展发展潜力很大，即使会展是刚刚创立，企业参展仍十分踊跃，甚至展位供不应求。这时，可以严格执行会展价格而不给参展商任何价格折扣；如果会展一开始执行的就是稳定的价格策略，那么也可以不给任何参展商价格折扣。根据会展企业对参展商认购面积计算方法的差异，折扣定价策略通常可以划分为以下三种类型。

（一）统一折扣

所有的客户都适用于一个统一的折扣标准。例如，展位价格折扣标准通常是按参展商参展面积的大小来制订的,参展面积越大,所得到的折扣也越大;当参展面积达到一定的规模时,折扣不再增加,也就是有一个折扣上限。

以某国际铝工业展览会展位价格折扣方案为例(表6-7),会展企业采取了批量折扣的定价策略。该展会规定,参展商订购的展位数量越多或者面积越大,获得的价格优惠越多。具体说,方案规定参展商订购展位面积在 $48 \sim 100 \text{ m}^2$ 之间的,优惠折扣率为 5%;订购展位面积超过 100 m^2 的,优惠折扣率为 10%。

表6-7 某国际铝工业展览会展位价格折扣方案

折扣额度	折扣条件
5%	展位面积在 $48 \sim 100 \text{ m}^2$
10%	展位面积超过 100 m^2

(二) 差别折扣

将价格折扣标准按需要分为几种,针对不同的标准执行不同的价格折扣。例如,会展企业给予老客户的特别折扣,通常可以根据客户参加主办方组织的历届展会的累计面积给予相应折扣。按参展商的地区来源不同分别给予不同的折扣,或者对标准展位和空地展位执行不同的折扣标准等。如果从整个会展的角度看,各参展商适用的折扣标准是不一样的,但从某个具体折扣标准所覆盖的所有参展商来看,它们所适用的折扣标准又是一样的。因此,这种折扣办法一般不会引起展位价格的混乱。特别折扣,通常是给予那些参展规模较大、在行业内有较大影响力和知名度的参展商的特别价格优惠。行业知名企业参展对于提高会展的档次和影响力、对于促进其他企业参展选择有重要影响。为了吸引这些企业参展,会展企业一般会给予它们特别的价格优惠,也就是针对它们专门制订一个特别折扣标准。特别折扣只适用于少数企业,不适用于一般企业。为了鼓励行业协会等机构集体组团参展,展会组织方通常给予团体联合认购展位的参展商一定比例的价格优惠。一般来说,团体认购的面积越多,获得的价格折扣越高。

(三) 位置折扣

它是针对展馆内场地位置的优劣而制订的折扣标准。在同一个展区内,不同展位的位置有好有坏;在同一个展馆内,不同展区的位置好坏也有差别。为了避免相对较差的位置无人问津,对这些较差的位置可以给予较多的价格优惠。

如果执行得好,价格折扣对会展营销会有一定的促进作用;如果执行得不好,价格折扣往往会引起会展价格的混乱。会展价格的混乱对会展营销非常不利,在会展营销过程中执行价格策略时对此必须特别注意。

第五节　执行会展价格策略时应注意的问题

当环境、竞争或需求以及会展内部条件发生变化时，为保证价格的竞争力，会展企业会对价格进行一些适应性调节。调整价格一般有两种情形：一种是将价格调高，另一种是将价格调低。当种种原因导致会展的办展成本大幅上升，或者客户对会展的需求显著增加时，会展企业都可以适当调高价格；当竞争压力加大，或者客户对会展的需求显著减少时，会展企业就可以适当调低价格。另外，当会展发展到不同的阶段，或者会展在执行不同的市场占有率目标策略时，也有必要对价格加以调整。

为使价格调整达到预期的效果，会展在调整价格时，要对客户的反应和对主要竞争者的反应密切关注。客户对价格的期望值如何以及客户是否接受调整后的价格，直接决定着价格调整是否成功；主要竞争者对价格调整的应对措施和其反应的激烈程度，在很大程度上也影响着价格调整能否获得成功。

不过，一旦价格已经报出，就要特别注意了。为此，要做到以下几点。

（一）价格不宜轻易改动

严格控制成本和选择适当的经营模式是每个会展企业在每个时期都应注意的事情，但为了吸引更多的潜在客户而利用各种可能的方式降低会展项目报价不可取。价格是应该在做好市场预测之后就已经决定的，绝不能因为没有完成销售额而降低价格，这样会使主办者丧失信誉。合理的成本节约是有限度的，也应是一贯的，一味地追求低成本必将引起行业内价格战的恶性循环。价格的决定必须慎重，必须建立在详细的、真实的、审慎的市场分析基础之上，一经决定应不再更改，否则带来的后患将不仅是企业本身的，也将影响整个会展行业利益。

（二）加强对代理商的管理

譬如就招展而言，代理商的佣金一般都是按照他们所招企业的参展面积的多少来确定的，招展面积越多，他们所得到的佣金也就越多。所以，为了获取更多的佣金，招展代理往往会有一种低价销售展位的冲动，这使他们的招展价格往往不符合会展的价格及折扣标准，从而引起整个会展价格的混乱。为避免出现这种情况，会展要对招展代理的招展价格进行严格管理和监督，不容许他们破坏会展价格标准而低价销售，一旦发现低价销售就严肃处理。

（三）避免在会展项目实施的末期低价倾销

有些会展项目，眼看计划的开幕日期一步步地临近，可展位销售却还不尽如人意。这时，为了能将全部展位都卖出去，有些会展企业就会不顾既定的价格标准，将展位降价出售。这种做法是一种短视的行为，对下届会展的招展和会展的长远发展非常不利。

因为在会展招展末期，对一些后期参展企业的价格特别优惠就是对早期已经决定参展的企业的一种价格惩罚，这对鼓励企业及早预订展位非常不利。这种做法不仅严重挫伤了那些在降价前参展的企业的积极性，还使所有知道在会展招展末期能获得特别价格优惠的企业对下一届会展招展采取观望的态度。如果这种企业数量较多，在它们的压力下，会展到时将不得不降价出售展位，会展的经济效益也就难以保证。

（四）严格控制差别折扣和特别折扣的适用范围

位置折扣的适用范围一般较好控制，因为相对较差的展位一般都是比较明确的，执行起来比较方便。但是差别折扣和特别折扣的适用范围有时候却较难把握，而一旦把握不稳就会引起价格混乱。在执行差别折扣时，折扣的标准不宜太多，且各种折扣的标准划分要非常明确，不能含糊。在执行特别折扣时，可以将适用该标准的企业名单一一列出，并明确它们达到多大参展面积时能给予的折扣范围。

另外，如果条件适合，会展企业可以执行稳定的价格策略，对所有参展商实行统一的价格，不给任何参展商价格折扣，这样会展的招展价格就可以始终如一，不会出现混乱。当然，实行这样的价格策略需要事先对会展进行充分论证。如果条件不具备，这种价格策略不但于事无补，反而还会对会展营销产生较大的阻碍作用。

第七章 会展营销的分销与促销

第一节 会展营销渠道的类型及特点

一、会展营销渠道的类型

从会展企业的角度出发，会展营销渠道可以从不同角度划分成不同类型。通常的划分方式有三种。

（一）按销售过程是否利用中间商

按照会展服务销售过程中是否利用中间商来划分，可以划分为直接渠道和间接渠道两种类型。

1. 直接渠道

又叫直销，是指会展企业直接将会展服务销售给目标客户，不经过任何中间环节，也就是说没有中间商的存在。直接渠道的优点一是能节省营销成本，不经过中间环节，不需付给代理商佣金，所以有利于降低会展产品的成本。优点二是能较好地掌控所有的营销因素。会展企业可以用统一的口径向目标客户提供服务信息，有利于减少价格、展位划分等方面的业务冲突。若经过中间商环节，由于中间商相互杀价，有可能出现价格混乱、市场失控等问题，对会展形象造成负面影响。而且目标客户提出的一些问题，会展企业可以尽快地予以回复。

直接渠道的缺点主要有两点。一是市场渗透的速度慢，受制于本企业资源状况，有可能导致潜在的目标市场无力挖掘；二是不利于调动庞大的社会资源为本企业的市场开发服务。单个企业的力量毕竟是有限的，调动一切可利用的社会资源才是制胜之道。

2. 间接渠道

又叫分销，是指通过中间商向目标客户销售会展服务的渠道，是会展企业借用外部力量做大、做活、做强会展项目的一种重要手段，是会展销售渠道不可或缺的重要组成部分。直接渠道与间接渠道最主要的区别在于是否利用中间商。

间接渠道的优点是：有利于突破会展企业的自身资源限制，从更广阔的层面上调动企业外部力量为本企业的市场开发服务,从而提高本企业的市场渗透速度。譬如利用中间商对于异地营销尤其是海外营销有很大的作用;由于利用中间商的有效宣传,也可以使本地的潜在客户转化为现实的客户;中间商可向客户提供包括食宿、交通、购物、物流等在内的旅游产品,等等。但与此同时,间接渠道的缺点也非常明显:一是经过中间环节进行销售,需要向中间商支付相应费用,从而提高了会展服务的成本;二是会展企业与目标客户之间通过第三方进行沟通,可能导致信息失真,从而带来业务协调方面的冲突。

直接渠道和间接渠道优势互补,不可或缺。在实际运用时,为了有效地避免两种渠道的缺点,发挥其优势,许多会展企业一般采用混合渠道的销售策略,即直接渠道和间接渠道并用。

(二) 按会展服务的流通环节

按照会展服务从会展企业到目标客户需要经过的流通环节多少来划分,可以划分为一级渠道和二级渠道等类型。

根据会展服务从会展企业到目标客户需要经过的流通环节多少的差异,又可以区分会展营销渠道的长短。通常用经过的中间环节的级数来表示渠道的长短。

1. 一级渠道

是指在会展服务的销售过程中包括一个销售中间商(生产者—零售商—消费者)。

2. 二级渠道

是指在会展服务的销售过程中包括两个销售中间商(生产者—批发商—零售商—消费者)。

3. 三级渠道

是指在会展服务的销售过程中包括三个销售中间商(生产者—批发商—中转商—零售商—消费者)。

以此类推,销售的级数越多,营销渠道就越长。不过渠道级数越多,控制营销管理的成本和难度就越大。不管长渠道还是短渠道都各有利弊,会展企业在进行营销渠道的决策过程中,需要根据业务类型、市场规模、自身实力等因素,具体权衡利弊并找出符合企业实际的"满意解"。

(三) 按会展企业在同一区域内选择的中间商数量

按照会展企业在同一区域内选择的中间商数量多少来划分,可以划分为宽渠道和窄渠道两种类型。

1. 宽渠道

是指通过会展企业在某一特定区域内利用两家或两家以上的中间商进行销售。宽渠道的优点,一是可以调动多家中间商占有的市场资源,扩大会展企业在目标区域的市场占有能力;二是即便某家中间商因工作能力以及工作态度等方面的问题而导致销售不利,给会展企业带来的损失也不会太大,因为其他的中间商在本区域可能有非常优秀的业绩表现。

宽渠道的明显缺点有:一是会展企业难以协调多个中间商之间的利益关系,容易在中间商之间以及会展企业与中间商之间产生矛盾,从而加大会展企业营销网络维护的难度;二是有可能导致同一区域内多家中间商之间的恶性竞争,特别是不同中间商针对同一客户作出价格以及服务等方面的不同承诺时,会展企业的信誉将受到巨大损失。可见,会展企业在选择宽渠道的时候,一定要注意中间商之间的利益平衡,并通过严格的控制措施规范终端市场,以确保所有中间商以统一的价格和服务政策面对目标客户。

2. 窄渠道

是指通过会展企业在某一特定区域内利用唯一的中间商进行销售。窄渠道的优点,一是会展企业与中间商之间容易建立相互信任的合作关系,有利于维护网络;二是有利于避免同一区域内多家中间商相互竞争而带来的市场混乱,有利于避免多家中间商对同一客户承诺不一致而给组织者带来的麻烦。

窄渠道也有明显缺点:会展企业对中间商依赖度过高,一旦中间商因工作能力以及工作态度等方面的问题而导致销售不利,有可能给会展企业带来难以弥补的损失。所以,会展企业在采取窄渠道策略选择唯一中间商的时候,对中间商的资质、市场开拓能力、以往业绩等方面要严加审核,因为一旦选择失误将给会展企业带来巨大损失。

二、会展营销渠道的特点

一般说来,会展服务的营销渠道具有如下三个特点:

(一) 从渠道长度来看,以直接渠道销售为主

由于会展经营者面对的目标客户相对集中,特别是对那些已经举办了多次会展的组织者来说,他们已经建立了比较完整的客户数据库,而且每届会展活动的参与者中老客户都会占据一定的比例。在这种情况下,会展企业通常会设置专门机构和人员,加强与客户的直接沟通和交流,通过直销的方式进行会展销售。当然,会展活动的规模和目标客户的地域范围不同决定了会展企业对分销商的依赖程度。一般说来,对一些大型的会展活动,尽管会展企业拥有庞大的客户数据库,但具体的销售工作仍然需要依靠中间商。对一些大量涉及海外业务的会展企业来说,基于语言、文化以及社会关系网络等方面的需要,他们对海外代理商将具有较高的依赖性。不过,相对于一般商品尤其是日用消费品的会展销售工作而言,会展服务的销售链条非常短,大多数会展企业主要依靠自己的内部员工组织销售,即使雇用中间商代理销售,在一个特定地区的代理商层级也不会超过两级。

（二）从渠道宽度来看，在同一区域内以独家代理的窄渠道为主

会展企业在选择代理商时，当然可以采取多种形式。在同一区域内，既可以指定一家代理商，也可以选择多家代理商。换言之，既可以采取宽渠道，也可以采取窄渠道。但是现实中从会展企业的选择看，绝大多数企业最终采取了独家代理的方式。会展服务的销售工作之所以主要采用窄渠道，主要是因为会展活动主要以企业等机构团体为销售对象，目标客户的专业领域相对集中，目标客户的绝对数量不多。如果在同一区域选择多家代理商，这些代理商可能共同开发同一客户，从而会引发代理商之间的竞争。如果不同的代理商在服务以及价格等方面作出不同的承诺，还可能进一步损害会展企业的信誉。所以，为了避免代理商管理方面可能出现的冲突，绝大多数企业倾向于在同一区域只选择一家代理商的策略。当然，为了更好地开发市场，也有部分会展企业同时保留自己在同一区域内的自主销售权。

（三）在与中间商的间接渠道销售合作中，以代理业务为主

会展企业与中间商的合作方式主要有两种：一是代理；二是包销。

所谓代理，是指分销商按照与会展企业签订的合同，在会展企业规定的权限内代理销售，并按照实际招徕与会者的数目和成交金额的多少提取相应比例的佣金。在无法完成预期销售目标的情况下，损失由会展企业负担。

所谓包销，是指分销商从会展企业手中承包一定数量的销售业务，然后在会展企业规定的权限内自主销售，不管能否招徕到约定数目的与会者或成交约定的金额，包销商都需要向会展企业支付约定的销售款。

显然，与代理商相比，包销对中间商来说面临的风险更大。为了保障选择包销业务的中间商利益，会展企业通常会以高于代理商佣金比例的价格折扣将会展销售业务分包给包销商。从现实来看，为了规避经营风险，绝大多数从事会展业务分销的中间商选择了代理招商方式。

第二节　会展营销的分销

如上所述，与其他产品的销售类似，会展组织者仅仅依靠自己的力量通常无法接触到所有的目标市场，只有在一定程度上依靠同中间商的合作，才会取得更好的销售效果。这主要有两方面的原因：一是因为会展企业自身的人力、财力、物力、社会关系以及客户关系资源通常是有限的，对地域分布广泛的目标市场而言，通常"鞭长莫及"；二是从单纯的经济学角度分析，中间商的存在有利于节约交易成本。

一、选择分销代理商应遵循的原则

(一) 追求效率的原则

之所以选择代理商来代表销售,就是由于代理商的销售效益要高于自己。经济效益是一切营销决策的基本出发点,在选择代理商时,应当考核选择代理商所需要花费的成本以及可能引起的销售收入的增长。对会展企业来说,代理商不是"花瓶",代理商首先应该拥有比较丰富的客户资源,此外还需要拥有勤恳敬业的市场开拓精神,有利于会展企业预期业务的拓展。如果代理商不能够比会展企业自己做得更好,长时间没有业绩增长表现,最终只能被淘汰。

(二) 控制和认同的原则

会展企业与代理商在法律上是对等的法人实体,都是相对独立的经济实体,二者在管理上不存在从属关系,而是依靠共同约定的契约来实现业务上的合作。但对会展企业来说,代理商的工作应该是其全部经营工作的有机构成部分,代理商是会展企业直接面对客户的窗口之一,代理商的行为将直接影响会展企业的市场形象和信誉。因此,选择代理商时,应充分考虑对其控制的程度,会展企业要确保代理商遵循共同的价值理念。

(三) 保持弹性的原则

上面谈到,代理商的行为对于会展企业而言,属于不完全可控的因素。作为一种协作关系,会展企业与代理商之间要相互适应。有过长期合作的代理商,可控性当然比较高;但尚未有长期合作的代理商,其客户资源、工作努力程度、能否按照会展企业的经营理念开拓业务、是否会出现急功近利等问题,会展企业通常是无法准确预期的。因此会展企业在选择代理商时,应保持适当的弹性,根据市场及环境的变化适时作出调整,甚至当代理商在规定的期限内销售业绩没有实质性进展时,会展企业可以保留中止代理关系等方面的权利,以促进营销目标的实现。

二、代理协议的内容与格式

(一) 代理协议包含的内容

通常情况下,会展企业和代理商签订的代理协议包含但不局限于如下内容:
(1) 合作主体的名称及联系方式;
(2) 合作背景与宗旨;
(3) 会展企业和代理商各自的权利和义务;
(4) 佣金的计算办法、支付时间以及支付方式;

(5) 违约责任及调解办法。

(二) 代理协议的格式

虽然不同会展企业与代理商签订的代理协议在具体条款方面有所不同,但是从总体看,会展项目的销售代理协议大致遵循类似的格式。以下是某国际会议展览有限公司拟定的标准代理协议格式,供参考。

案 例

代理协议

编号:＿＿＿＿＿＿＿＿

甲方:北京××国际会议展览有限公司
乙方:＿＿＿＿＿＿＿＿＿＿＿＿＿＿＿＿

甲乙双方经友好协商,就甲方授权组织的＿＿＿＿＿＿＿＿＿＿＿＿＿＿＿活动(以下简称"活动")的招商、招展代理事宜达成如下协议:
一、合作宗旨
1. 发挥各自优势,发掘各自资源条件,优势互补,互惠互利。
2. 双方均应遵守国家有关法律、法规和活动规定。

二、甲方责任
1. 甲方对活动的合法性和质量承担全部责任。
2. 甲方负责向乙方提供与活动有关的资料、文件。
3. 甲方负责活动的组织、承办工作。
4. 甲方根据约定向乙方支付佣金,为客户统一出具正式发票。

三、乙方责任
1. 乙方按活动的总体要求进行招商,并定期向甲方通报招商情况。
2. 在报名截止日期前,乙方将会议费或展位费汇入甲方指定账户。
3. 乙方执行统一标准收费,不得向参加活动的代表收取额外费用。
4. 乙方自行承担招商、招展过程中的一切费用。

四、佣金的计算

活动内容	招商招展数量	佣金	备注
	人/展位以下		
	人/展位以上		

注:甲方在活动结束后的3日内向乙方支付佣金。
五、其他
1. 协议自甲乙双方签字盖章之日起生效,有效期至活动结束为止。

2. 本协议一式两份,甲乙双方各持一份,具有同等效力。

甲方:北京××国际会议展览有限公司　　　乙方:
代表:　　　　　　　　　　　　　　　　　代表:
　　　　　　　　　　　　　　　　　　　　　　　年　　月　　日

第三节　会展促销的功能

促销又称销售促进,是指企业将产品或企业有关信息传递给消费者,以引起他们的注意与兴趣,激发其购买欲望与购买行为,从而达到扩大销售目的的一种经营活动,其实质是一种信息流的传递。会展促销的内涵见表7-1。

会展促销方式是影响会展市场顺利发展的关键因素,世界上许多国家的会展之所以能取得巨大成功,并在国际上享有盛誉,在很大程度上就得益于他们高效有力的促销活动。会展企业要实现可持续发展,也必须要加强会展促销的力度。

表7-1　会展促销的内涵

会展促销的对象	目标客户及其对目标客户的消费行为具有影响的群体
会展促销的主要任务	传递会展组织的行为、理念、形象以及组织提供的产品的信息
会展促销的目的	引起目标客户的注意与兴趣,激发其购买欲望,促成其购买行为
会展促销的手段	宣传与说服,即宣传会展服务或服务知识,说服目标客户购买
会展促销的方式	分为人员推销和非人员推销两大类

会展促销有如下几个功能。

(一)传递信息

一般的,为了使更多的消费者了解产品的特点或优点,如产品、价格、服务等,企业需经过种种促销活动及时向中间商和消费者提供产品的情报,引起他们的注意。会展企业通过提供和传播会展相关信息,让目标客户对本会展由不知名到知名、由不了解到了解、从知之不多到知之较多,这样他们参加会展的可能性越大。即使他们最终不参加本会展,但不论是对提高会展的声誉还是建立会展的良好品牌形象都很有帮助。通过传播会展组织理念等信息,还可形成和强化公众对会展组织的积极的信念,从而树立良好的公众形象。

(二)突出差异

在同类会展竞争比较激烈的情况下,会展项目之间只有细微的差别,各类与会者如参展商和观众等往往不易察觉。这时,企业通过促销活动,强调本会展的特点与独到之处,突出自己给各类与会者带来的特殊利益,使其乐意参加会展。突出差异不仅能加深客户对会展的认识,还可以使会展在客户心中留下深刻的印象。

(三) 刺激需求

有足够数量和质量的目标客户到会,是确保会展活动实现其经济效益和社会效益的重要因素。会展企业通过向中间商、消费者、社会公众促销,还可以创造需求,激起目标客户潜在的需求,促进消费动机向消费行为的转换,使一部分原来没有计划来参加会展的目标客户重新计划来参加会展,增加市场对这一会展项目的需求。另外,当某一会展项目的销售下降时,适当的促销活动可以促使需求得到某种程度的恢复或提高。

会展促销活动还可以通过展示效果、解释疑虑和作出承诺等手段,来说服一些对本会展还有疑虑的目标客户,以增强他们对会展的信息了解。会展促销活动还可以通过广泛的信息传播,不断加深目标客户的印象,甚至可能形成一种行业心理和社会舆论,使目标客户在不知不觉中受会展促销活动的影响而参加本会展。

(四) 稳定销售

在激烈的市场竞争中,会展服务产品可能起伏较大,这是市场地位不稳定的反映。会展企业通过促销活动使更多的目标客户对本展会的服务产生偏好,达到稳定销售的目的。即使在服务畅销时,会展企业仍要重视促销活动,目的在于稳定销售,未雨绸缪,防止市场波动。

第四节 会展促销方式

促销的方式多种多样,从大的方面可分为人员促销和非人员促销两大类。人员促销即人员直接推销,是由推销员或销售服务机构直接与客户发生联系,进行推销活动。非人员促销可分为直接邮寄、广告宣传、营业推广、公共关系促销、合作促销、网络促销等多种方式。只有对每种促销方式的特点准确掌握,才能灵活地综合运用。

一、人员促销

人员促销是会展企业派出营销人员,直接同目标市场的客户沟通信息、建立联系,促进他们前来与会的一种促销方式。人员促销是与客户一对一直接交流的,具有灵活性强、信息反馈及时、亲切感强等特点,并具有一定的说服力,能在对客户的参会决策、客户对会展的评估、促使客户对会展建立起信任等方面产生强大的促进作用。

会展的人员促销活动竞争性很强,需要有一支素质较高、组织合理的促销人员队伍来完成。合理的组织模式有助于发挥促销人员的合力,取得更好的促销效果。会展一般可以按以下四种模式来建立促销人员组织:

（一）地理区域导向模式

这是会展促销人员按目标市场的地理区域来组织和分配促销任务的一种组织模式。这种模式让每一个促销人员或促销小组负责一定的区域范围，让其在该区域内促销会展。这种模式便于明确促销人员的业务范围，也便于会展对促销人员的管理，促销的差旅费也较好控制。但这种模式容易出现促销人员积极促销好销的题材或展位，消极对待新题材、新项目或较难销售的项目的现象。这种模式适合那些市场分布较广的会展活动使用。

（二）会展题材导向模式

这是按会展题材的不同来组织会展促销人员的一种组织模式。一个会展在一个大题材下一般会有很多细分题材，会展让每一个促销人员或促销小组负责一定题材的促销工作。这种组织模式专业性较强，有利于促销人员对某一个或几个特定题材进行深入研究和了解，也有利于促销取得专业化的效果。但这种模式也容易出现重复促销和差旅费上升等问题。这种组织模式适合那些题材组合较广的会展使用。

（三）客户结构导向模式

这是按会展客户类型的不同来组织会展促销人员的一种组织模式。在这种组织模式下，每一个促销人员或促销小组分别负责向一类或几类客户促销会展。这种模式的好处是有利于促销人员全面了解其所负责的客户群体的需求和特点，有利于他们与客户建立起长期的关系和友谊，更好地为该类客户服务。但这种组织模式也容易出现差旅费上升等问题。这种模式适合那些同类客户比较集中或客户需求差别较大的会展使用。

（四）复合结构导向模式

这是将上述三种模式中的两种或三种进行组合使用的会展促销人员组织模式，如会展题材导向和客户结构导向相结合等。复合结构导向模式有利于取长补短，发挥一些模式的优点，同时用其他模式来弥补其缺点，更好地为会展服务。这种模式适合那些规模较大的会展使用。

电话促销是会展企业最常用的促销手段。会展营销人员的很多时间都是在和客户打电话的过程中度过的。通过电话，会展企业与目标客户能够进行直截了当的沟通，不仅通过电话进行会展促销，还进行市场调查、目标客户的确定、市场定位、提供咨询、处理投诉等多项营销活动。所以，会展企业对电话促销人员的培养非常重视，不少企业设有专门的"电话中心"，其基本职能就是不断地利用电话与目标客户取得联系。但是电话促销如果实施不恰当，可能会引起客户的反感。所以在进行电话促销时，营销人员要注意在合适的时间才给客户打电话，要在电话中公开自己的身份及公司的地址等，并如实地介绍自己的会展，不能有意夸大事实欺骗客户。

传真是与电话配合使用的一种促销工具。电话只是一种"口头"的沟通与交流。为了获取更加确凿的信息，对有意向参展或者参观的目标客户通常还会要求营销人员通过传真形式传递正式的文字资料，尤其是具体的交易资料如预定的展位面积、广告位等，绝大多数都需要通过传真件来确认。

最直接的人员推销还是登门拜访。登门拜访是指会展企业营销人员通过直接走访的形式与目标客户进行面对面沟通，能够让客户感到亲切和受到重视。此外，营销人员与目标客户面对面的交流也有利于增加客户对展览会的认识，是一种效果非常理想的营销方式。直接拜访客户往往要事先预约，而一旦预约成功，其效率将非常高，因为即使该客户这次没有参加进来，本会展也给他留下了深刻的印象，下一届参加的可能性会非常大。如果营销员营销方式高明，被拜访者往往很难拒绝其发出的参加邀请。但是这种方式的最大缺陷是运行成本高，对同一城市的目标客户登门拜访比较切实可行，而如果拜访异地客户，成本就会大为增加。所以，在实际操作中，会展企业往往只是针对少数具有很大新闻价值或商业价值的目标公众，如政界的高层领导、行业权威人士或娱乐界明星等比较重要的 VIP 客户才会通过走访的形式进行促销，因为他们的参加对其他公众有着巨大的影响力和号召力。

二、直接邮寄

直接邮寄（direct mailers）是会展企业将有关会展的宣传资料、邀请函等以邮件的方式直接邮寄给目标客户的一种促销方式。如果客户名录（mailing list）准确无误的话，是会展促销中最有力的沟通工具之一。其优点是目标客户是以目标客户数据库为基础，又通过仔细挑选和分类，直接指向特定市场，针对性非常强，回复比例较高，可以节约成本。这种方式比较灵活，可以满足个性化需要，信息可获得受众的注意。

被称为"直接营销之父"的爱得·迈耶创建了 40–40–20 法则，即直接邮寄的效果的 40% 取决于邮寄名单——你的读者，必须将相关内容直接邮寄给准确的客户或准确地细分市场，以保证成功地吸引客户；40% 取决于会展提供物——你的服务、条款、价格和身份；20% 取决于邮寄创意——你的邮寄包。这一法则是直接邮寄理论的重要法则。

（一）邮寄资料的形式

会展企业可以自己组织邮寄，也可以委托专门的发函公司办理直接发函。直接发函所使用的邮寄资料形式多样，通常包括邀请函、宣传册、贵宾卡、赠票及奖券等。

1. 邀请函

邀请函是为会展特别设计制作的一种函件。使用邀请函既表示会展企业对活动的郑重态度，也表示对被邀请人的尊重，可以使双方关系更加密切。但是邀请函上所载的信息往往比较简略，最好同时配套寄发宣传册等详细介绍资料。

2. 宣传册

宣传册色彩鲜明，制作精美，对目标客户能够起到很强的视觉冲击效果。它刊载了包括活动细节在内的很多内容，对活动各方面的介绍十分详尽，不仅可以作为一种宣传推广资料，有时还可作为参考资料永久保存。

3. 贵宾卡、赠票及奖券

贵宾卡用于最重要的目标客户，参加会展活动时凭此卡便可享受所规定的贵宾待遇；赠票是寄给目标客户的免费参观票证；奖券是可以用来参加会展抽奖、领取小礼品的一种小型凭证。无论是贵宾卡、赠票还是奖券，它们本身可能并没有多大价值，制作成本也较低，但对收到者却有很大的激励作用，带给目标客户一种心理满足感，这正是此类营销方式的魅力所在。

（二）建立和维护客户数据库

对于直接邮寄这种促销方式，会展企业的一项重要工作就是建立和维护客户数据库。其中，对于数据库的维护，既可以由会展企业自己来完成，也可以外包给从事数据库维护的专业机构。前者要求会展企业拥有自己的目标客户数据库，并将这些数据按行业、地区、产品兴趣及公司规模大小等标准分类存储；后者则需注意事先了解发函机构更新邮寄名单的周期，以便确定其质量。所以，关于数据库要注意这样几点：

（1）数据库资料的搜集和整理。名录的搜集和整理涉及调查、分析和成员追踪等活动；从对象到协会组织成员、赞助商、参展商和所有那些可能成为会议利益相关者的各方。

（2）数据库的细分。根据不同的变量对客户进行细分，使支出效率最大化。

（3）数据库的定期审核。这是保证直接邮寄有效性的基础。可以与相关行业出版物和专业杂志的代理人进行会谈，了解他们的订阅者中是否有可能参加某项会展或可能成为会员的人，还可以咨询订阅者的名录及其管理成本。

三、广告宣传

广告宣传是由明确的发起者以付费的方式，通过大众传媒工具和特种媒体工具对观念、产品或服务进行的非人员形式的促销。广告宣传能为会展营造一种氛围，又便于通过其他方式推广，特别是在面向来自于新的细分市场上的大量客户时，广告宣传是最有效益的。虽然它的费用高，但有助于使潜在客户了解会展，并对其产生兴趣，也有助于增强以往客户对会展的印象。广告宣传成功的基础是所有要素不仅能恰当地抓住客户的注意力，而且还能促使潜在的客户行动，其关键是要制订和实施一项合理的创新广告宣传战略。

（一）大众传媒工具

大众传媒工具通常是指印刷媒体、电视媒体、广播媒体三种最主要的传统媒体和近几年异军突起的网络媒体。

1. 印刷媒体

印刷媒体主要包括报纸和杂志两大类。不管是报纸还是杂志，不同类别的印刷媒体针对的目标读者通常有较大的差异。有的报纸和杂志是面向市民的，而有的报纸和杂志主要是面向专业读者的。这就好像企业领域需要进行市场细分一样，印刷媒体通常也需要有相对固定的细分读者群。那么展览会宣传与推广通常需要通过哪些报纸和杂志呢？显然，这要看展览会的类型和面对的主要目标观众和参展商。例如，汽车展不仅需要通过汽车类报纸和杂志等专业媒体来宣传，而且在市场占有率高的大众性报纸杂志上投放广告也是非常必要的。因为汽车展不仅针对汽车的制造厂家和经销厂家，广大车迷观看车展的门票费通常也是组展商的重要收入来源。相反，铝工业展、制冷展、印刷展等专业性的工业品展览会，通常更多地需要在专业报纸和杂志上做宣传，利用一般性的市民报或者娱乐性杂志进行宣传和推广没有实质价值。

2. 电视媒体

电视媒体主要包括中央和地方电视媒体。通常情况下，同一家电视台的不同频道以及不同地方的电视台都会有自己的风格和市场定位，但是无论如何电视都无法回避其大众性的特征。在收看电视的广大观众中，关心某一专题会展的人数并不多。因而，在会展行业中，除了少数形象类以及消费类展览会以外，绝大多数会展企业不会选择在电视媒体上投放广告。当然，展览会通常是社会经济生活中比较有影响力的活动，而且展览会期间通常有许多值得报道的素材，因而不少电视台经常报道展览会的盛况。这些新闻报道对提高展览会的知名度发挥了非常重要的作用。其影响与会展企业主动投放广告的影响明显不同。

3. 广播媒体

伴随着电视、互联网等信息传播途径的发展，广播受到较大的冲击。但不管怎样，在特定的时间和特定的场所，广播依旧是一种重要的媒体工具。例如在现代城市中，数量庞大的汽车驾乘人员在驾驶和乘坐汽车的时候，广播仍然是一种简便流行的传播媒介。不过从总体来看，会展企业在宣传和推广展览会时，一般情况下较少选择广播媒体。当然也有不少例外，例如利用城市交通广播电台推广一些汽车、家居等方面的展览会，通常也会收到比较理想的效果。

4. 网络媒体

网络媒体是20世纪后半期以来发展最快的媒体。互联网以其传播成本低、传播速度快、不受时空限制等优势，给报纸、电视、广播等传统媒介工具带来了强大的挑战。

会展企业作为一种服务于工商企业中高层人士的经济组织,其目标客户对现代网络工具有较高的依赖性。与之相对应,互联网也成为展览会最重要的宣传和推广媒介之一。会展营销人员利用网络宣传和推广展览会主要通过两种途径来进行:一是专门为展览会构建一个独立的网站;二是在其他相关网站上发布展览会广告。至于如何更好地利用互联网进行展会的促销工作,将在本节后面加以专门阐述。

最后还需要特别指出的是,会展企业利用上述大众传播媒介进行宣传和推广时,一方面可以采取在上述媒体上投放广告的方式,另一方面要尽量争取这些媒体以新闻报道的形式宣传会展。这是因为新闻报道形式多样,费用一般较低,而且可信度较高,宣传效果通常比直接做广告要好得多。因此,制造新闻素材,加强新闻报道通常是会展组织者宣传展览会的重要方式,新闻宣传工作贯穿整个会展活动的始终。

(二)特种媒体工具

另外,特种媒体工具在一些情况下也是不可忽视的。特种媒体工具主要是指会展企业利用海报、户外广告、小型纪念品等形式,自己制作相应宣传资料进行会展的宣传和推广。这些媒介工具依靠会展企业自己的宣传渠道对外推广,而不是依赖于报纸、杂志、电视、广播、网络等大众媒体进行传播。特种媒介工具通常包括以下三类:

1. 户外广告

户外广告是指会展企业在都市的楼顶、墙体、路牌、路灯、地铁以及人流量较大的高速路道桥等特种媒介工具上发布广告。一般来说,在这些媒介上发布的广告大多数仍旧是涉及普通观众比较多的消费品展览会,如服装展、体育用品展等。专业性较强的工业品展览会通常不会利用这些媒介进行宣传和促销。

2. 特种宣传资料

特种宣传资料是指会展企业专门印制、单独派送的展览会特种广告,主要采取展览会宣传册、展览会海报等形式。这类宣传资料有的以信件方式直接投递给目标参展商和观众,有的则在会展企业策划的公关活动现场派发。

3. 小型纪念品

作为一种辅助宣传手段,会展企业通常制作一些物美价廉的小型纪念品,如手提袋、领带夹、水果刀、小收音机、小玩具、日历本、明信片等,在这些纪念品上印制展览会的名称、主办机构、联系方式等信息,并在老客户回访、市场调查、抽奖活动等场合派发给目标受众。这些小型纪念品虽然价值不高,但如果制作得精美可爱,同样可以让得到者爱不释手并长期保留。在这种情况下,这些小纪念品就会起到比较好的促销作用。

案　例

上海2010世界博览会广告亮相纽约

上海世博会组织者在加大国内推介力度的同时，不断采用各种方式提高上海世博会在国际社会的知名度。

从2007年6月17日起，上海世博局与美国有线电视新闻网（CNN）合作，在其欧洲频道播出上海世博会宣传片。短短一周内，上海世博会宣传片滚动播出共计72次，给欧洲各国观众留下深刻印象。上海浦东华丽的天际线、江南女子的甜美笑容，伴随着悠扬清美的音乐，和上海世博会的会徽、口号一起，让远在欧洲的人们感受到上海世博会的气息。2007年下半年，上海世博局继续与CNN等海外主要媒体开展合作，逐步加强上海世博会的海外推介工作。

2007年6月18日，上海世博会推介广告在美国纽约亮相。中国国家旅游局和上海市旅委共同策划组织了170辆双层旅游观光巴士和公交车，在纽约进行为期2个月的流动宣传。高5米、长11米的双层旅游观光车车体一边喷绘着外滩流光溢彩的繁荣夜景、陆家嘴在阳光下大气磅礴的风姿、世博会会徽以及"上海欢迎您——2010世博会"的英文字样等图案，另一边则是北京奥运会的宣传广告。这些旅游观光车穿梭于曼哈顿主要旅游景点：时代广场、帝国大厦、中央公园、第五大道、百老汇大街、华尔街等，每天早晨8点至晚上11点沿固定线路行驶，长达15个小时，每天行程100多千米，平均每天每辆车有800至1000人次乘坐。车体上的巨幅广告随着观光车穿梭于拥挤、繁华的曼哈顿闹市，不仅成为夏季纽约街头的亮点，也吸引了数以百万计的行人的注目。

案　例

××展会与××媒体合作协议书

甲方：××展览会组委会　　　　乙方：××媒体
电话：_____　　　　电话：_____
传真：_____　　　　传真：_____
联系人：_____　　　　联系人：_____

甲乙双方经友好协商，本着互惠互利的原则，在平等自愿的基础上，就_____年____月____日到____月____日由甲方举办的"××展览会"合作事宜，达成以下协议：

一、甲方的义务

1. 甲方必须保证展会的举办符合所在国家法律并取得相应的合法手续；同时需采取各种措施保证展会的安全有序及可观的参观人数或与会者，为公众提供高质量的展览会议服务。

2. 甲方在展会的会刊或相关出版物上为乙方提供彩色广告一版，广告内容、图片由乙方在____年____月____日前提供给甲方，广告尺寸为：_____。

3. 甲方免费为乙方在展会网站首页做Logo链接，将乙方列为展览会合作伙伴，悬挂时间从本协议签订后起到展会结束止，具体尺寸为：_____。

4. 甲方指定专人将乙方需要的文件、图片等宣传资料及时、准确地提供给乙方，以增加宣传效果。

5. 甲方授权乙方作为报名代理单位，接受来自甲方授权代理区域参展商的报名工作，代理价为：_____元，每发展成功一名参会者，乙方可提取_____元作为佣金，报名费用正常打入甲方账户，活动结束后统一结算。代理价只有同时满足以下两个条件才可获得：报名者必须是乙方代理区域；报名者必须通过乙方报名。

6. 为了保证有效的代理价格体系，甲方不能以接近代理价甚至低于代理价的价格直接发展参展商。

7. 甲方所承办的展会，如有任何计划中或计划外的变故必须第一时间通知乙方，如遇不可抗力导致展会延期或取消，此合同即宣告失效，未解决事宜双方友好协商解决。

二、乙方的义务

1. 在媒体首页设立各种针对展会的调查问卷搜集目标客户的意见建议，从而帮助甲方就展会各个环节如举办时间、参与价格、会场服务等方面提供参考和改进，资料由甲方提供。

2. 在展览/会议预告栏目事先对展会情况进行预告，拉长用于宣传推广的时间周期。

3. 在媒体首页发布尺寸为 100 mm×40 mm 的展会推广标志，如图片、动画等。

4. 根据需要随时发布展会相关的新闻稿、通知等文字、图片资料。

5. 通过邮件、电话等形式主动向甲方网站 30 000 多名客户推广即将开始的展会信息。

6. 指定甲方网站会展部专门人员接受本站会员的参展/参会咨询和报名工作。

7. 在首页的"现场报道"栏目为展会制作的专题，以新闻稿、照片、音像等多种形式跟踪报道展会状况，并向电视台、报纸以及网络媒体推荐稿件以扩大影响；所需材料甲方需指定专人保质保量地向乙方提供。

8. 在条件允许的情况下，指派记者现场采访嘉宾及参展商/与会者，让客户享受到参展以外的增值宣传推广服务。

9. 对整个活动进行后续报道，扩大活动的影响力，为下一届展会作铺垫。

10. 通过问卷调查的形式对客户参展效果进行评测，以帮助甲方改进服务等。

三、本协议自双方签订之日起生效，对于本协议书未尽事宜，甲乙双方将通过友好协商予以解决；本协议一式两份，甲乙双方各执一份。

四、本协议的订立、效力、解释、履行和争议的解决均接受中华人民共和国法律管辖。

甲方：_____　　乙方：_____
地址：_____　　地址：_____
签章：_____　　签章：_____
时间：_____　　时间：_____

四、营业推广

营业推广是会展在某一特定的时间内,以特殊的推销手段对客户进行强烈的刺激以促使他们参加会展的一种促销方式。营业推广主要是以强烈的表现方式和特殊的优惠为特征来刺激客户,从而激发他们产生参加会展的欲望和采取行动。这些方法运用得好,会增加会展的成功率。会展典型的营业推广包括:惠顾券、赠品、彩票、名人出席和表演、竞赛、宣传册等。常用的营业推广方法见表7-2。

表7-2 会展常用营业推广方法一览表

促进对象	促进方法	描述或举例
客户/观众	赠送	如向参展商赠送一定的参展面积,或向参展商或观众赠送一定数量的参观门票或礼品等
	优惠	如向参展商提供一定的价格折扣优惠,向一定范围的观众发放免费参观券等
	抽奖	如观众可以凭参观门票抽奖,或者参展商可以按一定的标准参加抽奖等
客户	评奖	如按一定的标准对参展商或其参展的展品、展位设计和搭装等进行评奖
	组织活动	如组织各种表演、比赛、招投标、晚会、招待会等活动来推广会展
	推销会议	召集客户举办专门的推销会议
	参加同类会展	选择参加一些影响较大的同类会展,从而直接面对客户,吸引他们前来参展或参观

值得一提的是,由于营业推广的推销形式特殊,且一般都表现为会展企业对客户的一种利益让渡,所以尽管营业推广是会展促销的有效方式之一,但它却不是一种可以经常采用的方式。它常常是作为其他促销手段的一种补充或配合方式出现,一般只在特定的时间内或在有特殊的事件配合时才被使用。

五、公共关系促销

公共关系促销包括浅层次的公共关系促销和深层次的公共关系促销。

(一)浅层次的公共关系促销

浅层次的公共关系促销是指会展企业通过策划和实施一些能够引起公众注意的公共

关系事件而达到宣传和推广目标的营销方法，是能够利用的营销工具中成本最低的一种。会展企业常用的公共关系促销方法包括以下五种。

1. 会议演说

会议演说主要是指会展企业通过在权威的行业会议中发表演说等形式宣传和推广会展项目的公共关系方式。这种方式的最大优点是行业内的专业人士比较集中，受媒体的关注度高。如果会展企业自己的专家或者外聘顾问能够有机会在这样的场所以"中立者"身份点评和推广会展项目，则能够大大提高会展企业的美誉度，达到比较理想的公共关系促销效果。当然，会展企业的这种做法有时候可能得不到主办方的支持。在这种情况下，一方面可以通过会议赞助、协办等方式宣传自己；另一方面，在资金实力和营销预算许可的情况下，自己组织诸如此类的会议并通过会议进行企业形象和会展品牌的宣传，同样也是一种切实可行的做法。

2. 新闻发布会

为了引起媒体的广泛关注，召开新闻发布会介绍会展的筹备情况，并通过发布会把会展企业的亮点和会展的吸引力发布出去，也是会展企业常用的宣传和推广手段之一。新闻发布会不像纯粹的广告那样"赤裸裸"地宣传自己的产品和服务，以新闻发布和记者专访的性质来推广会展项目，不仅有利于降低会展企业的促销成本，而且有助于提高其可信度。

3. 公益赞助

公益赞助是指企业通过赞助贫困儿童、残疾人、学术团体等受到公众关注的公益事业而达到促销会展项目或者提高会展企业美誉度的目的。为了提高宣传和推广效果，会展企业在赞助公益活动时需要注意以下两点：一是选择热点领域；二是要争取媒体的配合。因为热点领域在企业赞助之前，已经引起了社会的广泛关注，在此基础上提供赞助，有可能达到比较理想的宣传效果。另一方面，企业作为一个经营机构，不会做"无名英雄"，因而在赞助公益事业的同时争取媒体配合，进行正面报道，无论对会展企业形象的树立还是对会展项目本身的促销，都会起到非常理想的效果。

4. 联合促销

联合促销是指会展组织者通过与媒体、商场、旅行社等机构合作，借助对方的营销网络进行宣传和推广的营销方式。联合促销的具体形式有多种。例如，会展企业与行业媒体合作，由行业媒体为其发布免费广告，而会展企业为行业媒体在会展上免费提供位置，就是会展企业与媒体最常用的联合促销方式。此外，在一些观众需要付费入场的展会中，采用联合促销的方式招徕观众，通常也是一种比较有效的做法。例如，汽车展组织者可以通过与商场合作，当客户购物额达到一定金额时，可以赠送汽车展门票一张，如此等等。

5. 路演

路演源自于英文"road show"。在会展行业，路演是指展会组织者为了招徕更多的参展商和观众参加展会，在目标客户密集的地区和城市，通过邀请潜在参展商和专业观众参加关于展会的专业会议、新闻发布、专家讲座等形式，加强组织者与潜在参展商和专业观众的交流与沟通，以期他们支持和参与专业性的宣传促销活动。譬如，为了吸引参展商和专业观众对2005年慕尼黑上海电子展的参与，主办方于2004年12月分别在新加坡、深圳、北京、上海和苏州五个电子行业非常发达的城市进行了集中的路演活动。这次活动以专家演讲和推介为主要形式，邀请了许多重要的参展商和很有影响力的媒体参加，使得慕尼黑上海电子展在电子元器件、组件、光电技术及生产技术领域的展会中的领先地位得到了巩固。根据2005年慕尼黑上海电子展官方网站的报道，路演活动取得的成果包括：使参与者之间的关系更加密切；使慕尼黑上海电子展的品牌和理念更加深入人心；吸引了新的参展商；使组织者的数据库更加完善；获得了更积极的反馈和更全面的讨论。

（二）深层次的公共关系促销

深层次的公共关系促销的目的在于获得、建立和维持与客户紧密的长期关系，应该更加重视的是这一类的关系。

现代商业性会展基本都是连续多次举办的，连续举办的会展需要客户的连续支持。如果客户有时与会有时又不与会，会展的销售工作将会受到很大的影响，尤其是那些行业知名企业更是如此。长期以来，争取一个新客户要比保持一个老客户多花5至10倍的费用。对于会展企业来说，吸引一个新客户，费用确实不小，比如推销成本、委托成本、信用调查成本、数据库成本等。而当客户流失时，他们不仅带走了当前交易的利润，而且带走了未来可能实现的利润。目前，国内会展业出现相当严重的内容同质化、竞争白热化的局面，大部分展览会平均每年都有25%的客户流失。因此，争取有关企业的忠诚度对会展的稳定发展非常重要。会展企业要通过与企业建立长期的稳定关系来赢得企业对会展的长期支持。

关系促销的经营哲学是，采取不同的方式对待不同的客户。80%的生意来自20%的"金牌客户"。了解企业的"金牌客户"是哪些人，他们有什么特点，如何能够吸引他们，对关系促销的成功是至关重要的。

在实际操作中，关系促销可以注意以下几点：

1. 优质服务，讲求诚信

会展企业进行关系促销最重要的是要以自己的实力为基础，也就是能为客户提供最优质的服务，这种优质服务是赢得客户信任的关键。诚信也在会展关系促销中具有十分重要的价值，如降低参展商资格的方法在任何时候都断不可取，虽然这种方法可能会吸引到一些原不符合参展资格的客户，但会令绝大多数参展商有上当受骗的感觉，失掉的是更多的客户、展会的信誉甚至是公司的品牌。会展企业只有做到了优质服务并讲求诚信,才能赢得客户的信任,双方的关系才能得以长久保持。

2. 搜集信息,建数据库

建立完整的营销信息数据库系统成为会展企业在关系促销中必用的手段。企业通过搜集和积累客户的大量信息,经过处理可预测客户购买某种会展服务的可能性,能大大提高关系促销的效率。

3. 搞会员制,保持联系

由于会展业的特殊性,会展结束后,会展企业和各类与会者很容易就此失去联系,而会员制恰好提供了一个会展企业与各类与会者继续保持联系的机会,为下一次会展建立客户基础。会员制的重点是返还利益的问题。一般来说,业务往来次数越多,价格越低。但想要吸引更多的会员,仅靠和别的会展企业相差不大的折扣是远远不够的,需要不断地在应对策略上推陈出新。如果企业规模相对较大,便可以利用自身的优势进行立体促销,会员的返还利益可以不仅限于展览,还包括会议、宣传、市场调研、技术交流,甚至是媒体监控等。当然,会展业会员制也同其他行业会员制一样,存在一定的风险,如品牌管理、成本负担、推广周期等。

4. 个性服务,特殊对待

通过与客户建立起社会性的联系来将潜在的客户和新客户变成关系客户,并通过这种方法将老客户留住。如对于忠诚的客户提供附加服务,又如会展企业可以为参展商组织论坛,优惠提供展览设施,允许参展商为大客户在非展区单独举办招待会,等等。

5. 设"会前会",重"会后会"

通常的"会前会"指会前筹备会,即会展企业将参展商集合起来,统一安排工作进程并当场解答参展商的各种问题。这里说的"会前会"是指专门针对即将筹备或已经开始筹备的展览而策划的技术研讨会。这种研讨会技术性强,主题与展会密切相关,为展会服务。某公司在策划电子产品展时,根据行业热点,先筹备了一个"无铅技术"研讨会,主要请了以下四方面的人:学术界代表——讲解无铅技术发展史;政府代表——讲解无铅产品的政策内容;无铅制造的高端公司代表——讲解其公司对于无铅技术的应用;电子产品的客户代表——真正的目标市场。在这样一个成功研讨会的造势之下,该公司的电子产品展览会不用花费太多精力,就已经抓住目标市场了。"会后会"是指各种展会的后继服务。目前在国内,这项服务似乎仍被忽略。但是对那些举办定期展会的会展企业,会后服务更显得重要。"会后会"不一定真的要开会,要视情况而定,比如会展企业可以通过多种方式追踪参展商对展会各项服务的满意程度,并根据参展商的反馈进行改进。

6. 联络感情,扩大交往

办展企业可以通过扩大和社会有关方面的交往来扩大会展的影响,如组织联谊会、俱乐部,进行行业研究,在节假日、重大庆祝活动日、参展商领导的生日等时间点对有关方面进行礼节性和策略性的拜访，参加主要客户倡导举办的各种活动等，通过扩大社会交往来与各有关方面建立长期稳定的关系。其中，加入国内外有影响的行业协会和积极参加行业活动是极为有效的公关活动。一旦与客户建立起了这种社会关系，如果不出现特别重大的变故，客户与会展的关系将变得非常牢固。

六、合作促销

合作促销的目的是通过与有关机构和单位的合作来扬长避短，优势互补，拓宽营销渠道和营销范围，扩大营销覆盖的地域，取得更好的营销效果。

随着会展国际化程度的不断拓展，联合办展已经成为许多会展企业共同的办展取向，跨地域和跨国界的招展活动越来越需要当地有关机构的配合。在招展时，每个办展机构都有自己的"销售盲点"，很难有精力在每个方面都亲力亲为、面面俱到。这时，向合作机构借力，利用合作机构的力量和渠道来扩大展位销售就变得十分必要了。事实上，目前会展业界举办会展很少有不采用合作促销的方式来销售会展服务的了。

合作促销关键是要选择好合作伙伴，并制订在销售过程中需要大家共同遵守的规则（见表7-3）。好的合作伙伴对展位销售可以起到事半功倍的效果，而良好的规则则是保证销售秩序的有效办法。会展企业可以根据自己的会展特点和本身的优势和劣势，从下面的机构中选择自己的合作伙伴。

表7-3 合作促销的主要合作伙伴及其特点

合作伙伴	特点
行业协会和商会	行业协会和商会在行业里有重要的影响和强大的号召力，一般都拥有一定数量的会员单位，行业信息灵通，关系广泛，是办展机构理想的合作营销伙伴
国内外著名会展主办机构	每一个会展主办机构都有自己擅长的领域和自己的营销渠道，也有自己独特的营销技巧和营销手段，与这些单位合作，能很好地优势互补
专业报刊	行业内的专业报刊对本行业有一定的影响，也有一批熟悉的客户，对行业发展趋势比较了解，联系比较广泛，不仅可以充当营销宣传的喉舌，还可以直接招展
国际组织	一些相关的国际组织具有一定的权威性，在国际上有较强大的号召力，与它们合作往往能很好地带动国外企业参展
各种代理商	代理商是与会展机构紧密合作的专门的单位，适当地发展代理商对会展销售很有好处
行业知名企业	行业知名企业在行业里有一定的号召力，它们参与会展对行业企业有一种很好的示范效应，会带动一批企业参展
国外同类会展	可以与国外同类会展合作，在各自的会展上推广对方的会展，或采取其他合作方式争取彼此合作、营销互赢

续表

合作伙伴	特点
外国驻华机构	外国驻华使馆和领馆以及其他机构如贸易代表处、办事处等不仅对该国较熟悉、联系方便,而且对所在国也很了解,向该国企业推荐的会展一般能取得该国企业的信任
政府有关部门	尽管我国政府部门正在逐渐从经济事务中淡出,但政府的行业主管部门对行业的影响仍然很大,与它们合作,不仅有利于会展销售,还能取得很多其他便利
网络	网站是较好的合作伙伴

选择好合作伙伴以后,制订和遵守一些共同的规则是需要重点考虑的又一个问题。合作的伙伴单位可能不止一个,如果这些单位不遵守统一的规则,会展销售的秩序势必会出现混乱,效果将会大受影响。

会展销售的规则应由会展企业统一制订,并要求合作伙伴共同遵守。这些规则主要有会展服务销售价格、会展宣传口径、会展服务承诺、展品范围、各单位招展地域或题材范围、会展展区和展位的划分等。合作伙伴不得擅自更改这些规则。

值得一提的是,合作促销要求各合作伙伴遵守共同的销售规则,并不是不允许合作伙伴发挥各自的优势。恰恰相反,合作促销追求的就是在统一规则的统领下,充分发挥各合作伙伴的优势和积极性,为会展销售服务。

案 例

国际展组展方诚寻合作会展公司

此展为我司与马来西亚大会方合作项目,我司具有大会中国区招商授权,诚寻各省优秀会展公司合作(侧重食品类),历年均有各省市清真产品企业参加,是东盟专业清真产品展,影响面积遍及整个东南亚及南亚地区。

2009年马来西亚国际清真产品展览会

展会时间:2009年5月6日—10日

展会地点:马来西亚吉隆坡MATRADE展览及会议中心

组委会:马来西亚国际贸易和工业部

中国组展:北京×××国际会展有限公司

展会简介:

马来西亚国际清真产业博览会简称MIHAS,从2004年开始每年一届在马来西亚首都吉隆坡举行,至今已举办了五届。MIHAS由马来西亚政府主办和经营,是一场汇集了世界清真产品生产商、采购商、代理商、投资商和贸易团体的国际贸易盛会,旨在促进清真产品贸易,向世界穆斯林推介清真产品和生活方式,为清真产业商家交流、合作、建立双赢的伙伴关系提供了一个国际营销平台。

MIHAS自举办以来,得到外国参会企业的长期支持和政府的高度肯定,是世界最大的清真产品展会,具有国际水准。参会企业通过这一途径,不仅能帮助解决清真产品打入国际市场的难题,而且通过密集的广告和促销活动,能实现更多的贸易配对,进行贸易对话和推介,在当地和国际舞台展示企业形象。

上届回顾：

MIHAS 2008聚集了来自25个国家的507个参展单位,其中来自中国的展商达到20家,并吸引了来自69个国家的参观者。55%以上的参观者均为来自东盟国家（ASEAN）的食品及饮料行业的国际采购商。每年,MIHAS还招待400位不同行业的重要买家,并将他们介绍给相应行业的MIHAS的参展商。去年,此活动带来的直接销售收入超过2亿马来西亚零吉（4亿人民币）,另外还有总价值超过4亿（8亿人民币）马来西亚零吉的合作洽谈项目。直至今日,MIHAS这项盛事已经不仅局限于东盟国家,更有来自于世界各地的热情参与者的支持。这使得MIHAS可以冲破界限深入到那些发展中的服务伊斯兰消费者的年轻市场当中,并找到渴求高质量清真食品的新一代。MIHAS是您最好的进入全球穆斯林市场及东盟市场的起点！为给清真产品市场注入活力,我们需要提升整个价值链以促进高质量产品的生产和流通,建立新的销售渠道,并且保持最高标准的运作生产力和效率。MIHAS 2009为您在触手可及的地方为您提供所有的这些机会。我们保证您能在MIHAS 2009收获这些利益。

展品范围：清真产品和服务,包括食品、饮品、时装、化妆品、护理用品、西药和草药、食品加工和包装机械、包装材料、物流、营销、品牌经营、金融服务、保险、旅游、出版印刷、信息科技以及多媒体。

中国组展单位：北京引企成国际会展有限公司

地址：北京市××区××路×××路×号×室

邮编：××××××

联系人：×先生

手机：×××××××××××

电话：010-××××××××

传真：010-××××××××

E-mail：××××××@163.com　　×××××@sohu.com

MSN：×××××@hotmail.com

七、网络促销

（一）会展网络促销的含义

会展网络促销是以互联网为媒介,以现代信息技术为手段进行的一种新型会展销售活动。互联网是国外展览业实施全球推广战略的重要工具。无论是法国的国际专业展促进会或美国的国际展览管理协会,还是新加坡旅游局的展览会议署、香港的展览会议业协会,都建立有设计精美、内容简洁、服务项目齐全的网站。网上展览已成为会展业的一道新风景线,被称为永不落幕的展览会。虽然网上展览目前还只是实物展览的补充和配角,但随着信息技术和电子商务的进一步发展,办展机构几乎可以将有关会展的所有信息都"搬"到网上去供客户选用，网上展览肯定会后来居上，成为现代会展业的主要业务之一。

目前中国已经出现一些会展专业网站如中国展览总网、中国国际展览网、中国会议网、中国出口商品网、在线广交会、易成商务网站、阿里巴巴网站、美商网等，仅中国出口商品网就已经吸纳了约20万家出口企业和100多万种商品，为广大无缘进入广交会的中小企业提供了出口交易的机会。

(二) 会展网络促销的特点

1. 时空的无限性

会展网络促销的媒介是互联网，其时空范围是其他媒介无法达到的。网络的互联性和开放性，使会展网络销售活动可以超越时空局限，在任何时间、任何区域去开拓会展市场，这是其他任何销售方式所不能比拟的。

2. 信息的互动性

参展商可通过网络及时反映自己的参展信息，预订展位；会展企业也可通过网络及时对参展商的要求作出反应，满足参展商的需求。这种互动性不仅提高了参展商的参与性和积极性，也使会展企业的营销决策能够做到有的放矢，从根本上提高参展商的满意度和会展企业对市场的应变能力。

3. 参会的快捷性

会展网络促销能够实现目标客户快捷参加会展的愿望。网络提供一天24小时、一年365天的持续营业，不受节假日、营业时间的限制，可摆脱因员工疲倦或缺乏训练而引起客户反感所带来的麻烦。参展商可随时查询有关信息，方便快捷。

4. 助推个性化

会展网络促销能摆脱其他销售手段的局限，完全实现一对一的个性化服务。会展企业可通过相应的软件为每一个目标客户设立独立的信息处理系统，从而可针对目标客户的个性化需要推销自己的服务。

5. 低成本性

与传统会展促销方式相比，网络会展促销的成本会大幅度降低。譬如网上会展是虚拟的，没有实货，参展商无需承担库存压力，能节约仓储费用；电脑储存大量信息，便于客户查询，可传送的信息量大、精确度高，也减少了印刷与邮递成本；网上会展无需场租费，能节约水电与人工成本；还可避免中间商参与，流通成本大为降低。

（三）建立自己的网站

会展企业自己建立专门网站，通过精心设计，将该会展的有关内容放在网上，在网站上设立"会展介绍"、"参展须知"、"参观指南"、"行业概况"、"预订展位表"等栏目，提供免费信息查询和下载、会展查询与咨询、会展预定、现场报道、展台摄像、网络路演、网络展示、展台布置、预订票务、在线交易等服务。会展企业可以根据会展筹备的进展情况随时更新网上的内容。例如，法国专业展促进会中国办事处的网站，页面上不仅列出加入该促进会的展会名称、举办时间和地点，而且介绍展览会的最新动态和重点推荐展会。通过浏览网站，参展商和专业观众能够直接联系促进会在全球的60多个办事处，还可以从网站上了解如何享受快捷周到的服务。

所以，必须建设好自己的会展网站，设计可多种多样，灵活多变，富有吸引力和时代特色。其基本要求如下：

1. 会展页面赏心悦目

网站页面第一时间进入各类参会者的眼帘，要给客户留下第一美好印象，必须让人赏心悦目。这就要求网页个性鲜明、图文并茂、声像俱全、色彩协调、逻辑清晰、一目了然。

2. 会展信息完整、内容健全

一个出色的会展网站，必须做到内容丰富，信息健全而完整，无论是参展商、专业观众、政府机构、行业协会，还是普通观众，只要打开网页就能找到自己想要的东西。

3. 操作人性化、反应快捷、专业感强

会展网站的设计必须满足不同计算机水平客户的操作需要，既要体现会展专业化要求，又要做到人性化、大众化。网站建设应本着操作简单易行、反应快捷、节省运行时间和空间、凸显会展专业特色的原则，比如设计明确的导航标志、尽量避免不必要的图片和动画、提供相应的下载和打印工具等。

4. 网页及时更新，主题鲜明时尚

要保持持续高的点击率，必须根据实情对网页结构、办展信息、行业动态等内容及时更新，对客户的电子邮件和网上留言要快速回应；网上会展主题要醒目、鲜明，能紧跟时代新步伐，引领生活新潮流。

（四）在行业专业网站上进行促销

会展企业也可以不组建会展专门网站，而将会展的有关内容交给行业专门网站，由他们帮助在网上推广会展。会展企业负责向行业专门网站提供会展的有关资料，由他们在网上发布，或者由他们在网上开辟专门频道，供客户浏览。

（五）推广自己的网站或在行业专业网站上的网页

网络站点以及网页能否吸引大量客户是会展企业开展网络促销成败的关键和基础。因此，会展网站和数据库建成后，最重要的工作就是推广会展网站。在其他营销活动中告诉客户网站的网址，使网站被客户熟知，以便他们根据需要可以随时上网查询相关内容，办理相关业务。推广自己的网站或在行业专业网站上的网页应讲求技巧和策略，如优化搜索引擎、建立本网站与其他专业和非专业网站之间的友情链接、电子邮件推广等。

第五节 各种会展促销方式的组合

在会展业的销售实践中，上述会展促销方式通常被组合使用。组合使用能使各种会展促销方式在一个组合中有主有次，取长补短，优势互补，往往能产生比单独使用更好的效果。对这些会展促销方式，什么时间、选用什么、如何使用，会展企业都可以自主决定。有些促销方式会展企业虽无力左右，但可采取一定的方式，发挥较大的影响作用，使其朝着有利于自己的方向发展，如会展企业所面对的各种关系。在组合使用上述促销方式时，主要要考虑会展类型、客户和市场特性、会展所处的发展阶段、环境和促销预算等因素的影响，具体如下。

（一）会展类型

不同类型的目标客户采集信息的渠道和对信息内容的要求是不一样的，不同类型的会展要采取的会展促销方式因此也应有所不同。例如，工业题材会展的会展促销方式组合与消费品题材会展的会展促销方式组合就不应相同；以贸易成交为主要功能的会展与以展示为主要功能的会展的会展促销方式组合也应有区别。

（二）客户特性

客户对会展的认知程度一般分为知道、了解、信任等不同阶段，对处于不同认知阶段的客户，会展应采取的会展促销方式组合应有区别。例如，在知道的阶段，广告的作用很重要；在了解的阶段，人员推销的作用很大。

（三）市场特性

目标市场的集中程度、销售和购买习惯、经济状况和接收信息的便利程度等，无不对会展促销方式组合产生影响。例如，对于市场集中度较小的市场，广告的作用要大一些；反之，人员推销的效果会更好一些等。

(四) 发展阶段

一般而言,每个产业的发展都要经历导入期、成长期、成熟期和衰退期四个阶段。会展也是如此,有自己的生命周期,要经历导入期、成长期、成熟期和衰退期等发展阶段。这与会展所在产业的兴衰及会展本身发展有直接关系,而且在会展的不同的生命阶段,往往呈现出不同的特点,基于此,不同的会展促销方式所起的作用差别会很大。例如,导入期的会展就像刚刚栽植的小树,需要办展机构的精心培土、浇水、剪枝与呵护,稍有疏忽,就会夭折,因此,广告对提高会展的知名度效果更好。对于在成长期的会展,人员推销则更能产生直接的效果。

(五) 营销环境

营销环境对会展促销方式组合选择的影响长久而深远。例如,广告法、反不正当竞争法等一些政策法规对会展促销方式的采用会形成促进或制约作用;一些重大的政治或社会活动会产生良好的销售机会;一些社会舆论导向会使一些会展促销方式比其他方法更能产生良好的效果等。会展促销方式组合是一种动态组合,随着会展市场需求的变化、企业内外环境的变化而变化。首先,会展企业的营销目标是根据会展市场需求和企业的内外环境来确定的。当市场需求和会展企业的内外环境发生变化时,会展企业的目标需要进行调整。会展目标调整了,促销方式组合势必要跟着调整。只改变营销目标,而不改变原有的促销方式组合,目标与手段脱节,组合的效果就无法保证。其次,每一个促销要素又包含着众多小的要素。如果会展市场或环境的改变致使某个促销方式中的一个子要素发生变化,那么就意味着原有的会展促销方式组合发生了变化。

(六) 促销预算

会展促销方式组合常常是在一定的费用预算约束下进行的,预算的大小直接影响到会展促销方式的选择和组合的深度和宽度,不可能在各个会展促销方式上同时发力。例如,如果费用预算不足,那么,像电视广告等较昂贵的会展促销方式就不能重点使用;如果费用预算充足,会展促销方式组合的选择余地会大很多。

第八章 国际市场会展营销

进入20世纪80年代以来,计算机、网络技术在商业领域的广泛应用以及现代交通运输业的迅猛发展,自由贸易区的扩大和各国政策法规对外国投资的放松,使得许多企业纷纷在国际市场上寻求新的营销机会,导致商品和服务的国际贸易、国际资本流动和国际技术转让、信息的扩散进一步加速。美国著名管理学家彼得·德鲁克也说:"一个企业,无论大小,要想在任何一个发达国家中维持领导地位,就更需要在全世界的发达国家市场中取得并维系领导地位。它必须能在全球每个发达国家中研究、设计、开发及制造,并能从任何发达国家间自由地出口货品。企业必须要跨国化。"

所以,对于一个立志于国际市场的会展企业来说,除了要规划好国内的营销外,还要规划好在国外的营销,并使国内营销与国际营销互动,以此来确保营销的效果。会展国际营销的主要目标是吸引国外的目标客户参加会展,如吸引参展商前来参展和吸引观众前来参观等。

第一节 经济全球化给会展企业带来的机遇和挑战

一、会展企业面临的机遇

(一)利用国内外两种资源的机遇

经济全球化实现了资源世界范围内的优化配置,使世界各国紧密地联系在一起。整个世界形成了"你中有我、我中有你"错综复杂的世界格局。作为全球经济组成部分的各个国家,都可以发挥自己的优势,使各国优势在国际交往中实现互补。服务国际化给会展企业带来的是全球化的市场,企业不仅仅将自己的营销活动局限在国内的市场,而且可以放眼全球,实现做大做强的梦想。

(二)服务国际化为实现国际合作提供了有利条件

经济全球化有利于提高国际合作的质量,促进本国与世界的经济技术交流。每个国家都有自身独特的优势,各自的优势可能处在服务价值链的不同阶段,国际化为国际合作实现了有效的保障,从而提高了服务的内部生产率,实现了资源的有效配置。

（三）交流先进技术、资金及管理经验的机遇

一方面，网络的发展为当代世界带来了巨大的机遇，人们可以利用很小的成本获得海量的信息，这为会展企业交流技术及管理经验创造了条件；另一方面，会展企业自身的国际化进程更是加深了这种交流。银行等金融机构也为实施国际化的企业提供了有力的保证。

二、会展企业面临的挑战

（一）跨文化因素造成的挑战

随着全球竞争的日益激烈，深入了解文化因素的作用和影响已经成为会展企业国际营销活动的重要组成部分。由于文化为社会交往提供了基本的范式，与服务提供密切相关的价值判断标准和顾客期望在不同文化之间存在很大差别。因此，目标市场国与服务企业所在国的文化差异越大，会展企业进行国际营销时的不确定性和难度就越大。

（1）文化环境的差异造就了各地公众在语言、审美情趣、思维方式、国民性格、道德、风俗习惯等方面的不同特点，因而也造就了需求的不同。尽管会展企业知道他们必须清楚地了解顾客的需求，并且提供能够满足这些需求的产品，但是不同文化背景下的顾客有着截然不同的想法。例如，中欧人和东欧人对西欧人希望情绪低落的雇员在接待他们时要面带笑容的观点就感到迷惑不解。

（2）跨文化条件下的沟通障碍影响了会展企业的国际营销进程。处于高语境文化的人更依赖于语境线索，如背景信息、社会环境、交流者的社会地位以及先前的经验，而处于低语境文化的人则更强调交流用的词语。因此，处于高低不同语境文化中的服务提供者和顾客很容易产生沟通的障碍。

（3）不同的文化背景使顾客对服务质量的判断标准产生差异，这也会造成会展企业国际营销的困难。

（二）服务本身的特性造成的障碍

会展本身提供的是服务，服务的特性给国际化造成障碍。

（1）会展服务具有无形性，是不能触摸、看不到、不能运输的活动或经历。由于会展服务不能被抽样检验，顾客的感知风险就会增加，会展服务质量也比商品更难以评估，这对任何一家试图进行国际营销的会展企业来说都是挑战。

（2）会展服务具有不可分离性，大部分会展服务生产和消费同时发生，并要求受益者直接参与。通常要求会展企业必须到国外服务现场，而不能随意通过出口来检验、证明市场。会展企业还要用很多时间和精力建立信任和关系，这对其日后举办展会的成功与否非常重要。

（3）会展服务具有易逝性，不能像商品一样储存。这对平衡供求提出了特殊的挑

战,尤其在需求波动很大又很难预测的国家和地区,这种平衡更难获得。

(4) 会展服务具有异质性,很难通过标准化控制质量。由于在提供会展服务的过程中,员工必须参与进去并在一定程度上主导服务过程,这就使会展服务的异质性变得不可避免。会展企业要雇佣和培训来自不同国家或地区的人员,使这些具有不同背景的员工能够提供统一标准的服务,这是非常困难的。

(三) 贸易政策因素造成的障碍

由于许多服务部门在经济中具有十分重要的地位,服务业是各国受保护程度最高的行业。因而,服务的国际贸易与商品的国际贸易相比,存在着更多的政策阻碍(见表8-1)。

表8-1 服务企业的国际营销壁垒

	种类	影响
关税壁垒	关税额度	影响国外代理商
		对国际服务提供商定价高于国内同等服务提供商
		减少国外学生招生数量
非关税壁垒	双边和多边协议	增加国际市场的潜力和竞争
	国际采购政策	影响国外供应商
	禁止雇用国外员工	阻滞供应商接近买方
	距离	影响供应商接近买方、买方接近供应商或都走向第三地点
	政府直接竞争	必须把服务营销给政府
	生产要素缺乏	限制服务的生产
	对服务买方和卖方的限制	限制该行业的发展

第二节 会展的国际营销过程

国际营销过程是指企业的国际营销活动所经历的阶段,即国际营销的程序。一般而言,国际营销过程包括分析国际市场上的营销机会、研究和确定目标市场、设计国际营销战略和方案以及对国际营销的管理四个阶段。以下我们就一般的国际营销者普遍适用的上述过程作一个简单的介绍。

一、分析国际营销机会

营销机会是能够满足企业赢利目标的市场条件。对会展企业来讲,在全球范围内寻找现存的、潜在的营销机会是一件颇为繁杂的事情。

（一）考察是否进入国际市场的决定因素

这些因素包括：
（1）会展企业的国内市场受到了全球企业产品和服务的威胁，那么企业是否需要在外国竞争者的国内市场展开反攻；
（2）企业是否发现国外市场比国内市场有更多的获得利润的机会；
（3）企业是否需要扩大客户规模以实现规模经济；
（4）企业是否需要增加可进入的市场数量以规避市场风险；
（5）企业是否有需要其产品和服务的国外客户。

（二）搜寻满足要求的国际市场

如果会展企业对上述个别的或所有的问题作了某种程度的肯定回答，那么接下来企业需要在全球范围内搜寻是否存在着满足上述要求的国际市场。为此，企业应该分析包括宏观环境和微观环境在内的两方面国际营销环境。宏观环境包括一系列影响企业收入和利润的经济、技术、政治、法律和社会文化等因素；微观环境包括顾客、竞争者以及企业本身的情况。

（三）建立可靠的营销调研和信息系统

为了评价企业各类的国际营销机会，企业需要管理一个可靠的营销调研和信息系统。营销调研是现代营销不可缺少的工具。通过估计国际会展服务购买者的各种需要和购买行为和分析搜集到的资料，会展企业进行电话、邮寄或人员调查，对国际市场机会的大小和是否有利可图会得到比较清晰的认识。

二、确定国际目标市场

会展企业一旦分析完了国际营销机会，就需要确定国际营销的目标市场，作出企业要进入哪些国际市场的决策。现代营销实践经验表明，企业在选择其国际营销的目标市场时，主要工作是把国际市场划分成主要的细分市场，对这些市场分别进行评价，然后选择和瞄准若干个该企业能为其提供最好服务的目标市场进行营销活动。

三、设计国际营销战略和方案

国际营销战略是国际企业的长期营销计划，在宏观上规定了国际企业在国际营销中的长期经营行为。国际营销战略必须转化成可操作的国际营销方案，国际营销方案是国际营销战略的具体化。它主要是说明，为了实现国际营销的战略目标，我们具体应该做什么。例如,如果企业的战略是成为市场领导者,那么相应的营销方案应该告诉企业,现阶段应该如何进入国际市场,企业应该在地点、价格、促销等方面采取什么可领导市场的措施等。

四、国际营销的管理

国际营销管理的主要内容是国际营销组织的设计和对国际营销过程的控制。

(一)执行国际营销战略和方案

这是国际营销管理的首要内容,前提是营销组织的设计。企业必须设计一个能够实施国际营销计划的国际营销组织。在小企业里,一个人可能要监管所有营销任务;在大企业里,可能会设置若干专职营销人员,如全球营销总监、区域营销总监、销售经理、广告和品牌经理、细分市场经理、顾客服务经理、销售员、营销调研人员等。

国际营销组织通常由一位营销副总经理负责,他有三项任务:
(1)协调全体营销人员的工作;
(2)配合负有其他职能的副总经理工作;
(3)对其下属人员进行选择、培训、指导、激励和评价。

(二)对营销计划执行实施控制

这是国际营销管理的另外一项重要内容。因为在执行国际营销计划的过程中,可能会出现一些意外和受挫的情况,企业需要有一套反馈和控制程序。国际营销控制有三种不同的类型。

1. 年度计划控制

具体而言,管理层必须明确地阐明年度计划中每月、每季的目标,掌握衡量计划执行情况的手段,确定执行过程中出现缺口的原因,确定最佳修正方案,以填补目标和执行之间的缺口。

2. 赢利能力控制

赢利能力的控制中,需要比较国内营销与国际营销的赢利率、各个国际细分市场的赢利率,监控国际市场赢利率的纵向变化,研究各个市场赢利率出现不同变化的原因。

3. 战略控制

由于国际营销环境在迅速发生变化,每个国际企业都应该通过一定的方式和工具(如国际营销审计)定期对国际营销效率进行评估。

必须说明,上述的国际营销过程只是国际营销中企业经营行为的一般程序或一般思路,并不意味着每一个企业在进行国际营销时所采取的步骤与上述过程一模一样。

第三节　会展企业介入国际营销的程度及注意事项

国际营销（外销）是国内营销（内销）的跨国界延伸，因此，国际营销与国内营销相比既有相同的地方也有不同的地方。美国著名营销学家菲利普·R. 卡特奥拉说：国际营销是指一个企业对商品和劳务流入一个以上国家的消费者或用户手中的过程进行计划、定价、促销和引导，以便获取利润的活动。简言之，国际营销是在全球视角下开展的企业市场营销活动。企业把世界视为一个整体市场，认识到国家间的市场需求有许多共性同时又有差异性，在需求共性的基础上制订营销策略，然后根据别国市场需求的不同进行营销策略的调整。

一、介入国际营销的程度

随着经济全球化、信息化和网络化趋势的迅猛发展，各国会展企业都会在不同程度上介入国际化经营。一般来说，会展企业介入国际营销的程度大致有以下几种情况：

（一）间接对外营销

产品和服务的外销可以通过本国或外国的中介机构，或者依靠自己的销售机构。间接对外营销是指会展企业的服务通过本国或外国的中介机构进入国际市场。

（二）少量对外营销

由于国内市场的不稳定而造成部分会展服务在国内市场的滞销或剩余，促使一些会展企业偶尔进行对外营销。

（三）经常性对外营销

会展企业主要市场还是局限在本国，但具备了一定的能力，其部分的服务经过修整，能够满足外销市场的需要。对某些企业而言，其海外分支机构的收益已经构成其不可或缺的利润来源。

（四）多国营销

会展企业的营销活动遍及世界各地，在世界各地寻找市场机会并有计划地提供市场所需要的会展服务。在这些企业看来，各国市场之间存在着不同程度的差异，因此它们针对各国市场的特点设计和实施有差异的营销方案。

(五) 全球营销

这是会展企业介入国际营销的最高阶段。处于该阶段的企业将包括本国市场在内的整个全球市场看作一个统一的市场体系，努力找出世界各地顾客行为和需求的共性，不断地挖掘新的共性，然后依据这种共性发展和实施适合于各国市场的营销策略。这种标准化的营销活动容易导出较佳的规模经济效益。

一般来说，会展企业介入国际营销的程度遵循由浅入深、由低到高的渐进发展模式。但是由于某些个别原因，尤其是网络经济的发展，有些企业从低级阶段直接跨入了高级阶段。

总之，国际营销是企业提高国际化程度的必不可少的营销行动。会展的国际化程度可以从多个侧面来反映，如参展商国际化率、观众国际化率等。

$$参展商国际化率 = 国际参展商数/参展商总数$$
$$观众国际化率 = 国际观众/观众总数$$

这两个比例如果有一个较高，就说明该会展的国际化程度较高，否则就较低；如果两个比例都较高，则说明该会展的国际化程度非常高。会展的国际化程度往往是该会展档次高低的主要标志之一，要提高会展的国际化程度，没有会展国际营销的有效和大力支持是很难做到的。

二、介入国际营销的注意事项

会展服务贯穿于整个会展活动的前期、中期、后期等各个不同的阶段，就广义的展会服务而言，既包括发生在展览现场的租赁、广告、保安、清洁、产品运输、仓储、展位搭建等专业服务，也包括餐饮、旅游、住宿、交通、运输等相关行业的配套服务。国际营销还要注意会展服务与国际接轨，这是一个国内会展企业能否成为国际企业的前提。为此，要注意以下这些事项：

（1）会展企业要树立服务观念，按照市场化、商业化、专业化的要求来进行服务运作。国外会展发达的国家都有一套成熟的会展服务运作模式，而我国会展业起步较晚，很多展会都具有较浓的行政主导色彩。主办单位在客户面前，往往是居高临下的指挥者，而不是服务者。开幕式一结束，会展就宣告成功，主办单位的人员便无影无踪。在国外，这种现象绝不会出现，主办单位是以服务客户的形象出现的，特别是客户服务中心可以帮助参展商、采购商等各类与会者解决各种具体问题，包括投诉。只要是与会者需要的，主办单位就应该想到和做到。只有通过优质的服务形成一个固定的客户群，主办单位才能在群雄逐鹿的时代牢牢占据一块自己的地盘。

（2）实现服务流程的规范化、标准化。国内很多主办单位都已经意识到了会展服务流程规范化、标准化的重要意义，如在全国率先获得 ISO 9000 国际质量认证体系的深圳高交会展览中心，就已经创立了一套包括展览业务经营、展览工程、展场租赁、会展物业管理等较为完善的会展服务体系。在展览实践中严格按照规范的流程进行运作，为高交会、家具展、中国国际互联网展等大型展览会提供了一流、高效的会展服务。此外，上海、大连、厦门等城市的会展中心也都相应的建立了各具特色的服务运作模式。

（3）会展服务人才的培养和素质的提高。会展服务人员工作在会展现场，直接面向参展商、参观者等各类与会者，他们的言行举止、服务规范、服务质量，直接影响着服务水准的最终体现。中国会展业要尽量缩短与国外先进国家的距离，在会展服务专业人才的培养方面还需作出更多的努力。

（4）会展服务还需要重视个性化、人性化，体现重实效和"以人为本"的思想。譬如展会的布局应完全以展品大类来划分，方便观众参观；参观者一进展馆就能得到一份用不同文字编成的参观指南；展场内还有就餐中心区、休息场所、电动通道，还有不少躺椅，这对那些在这么硕大的展场中走得腰酸腿痛的观众来说是求之不得的休息之地。

第九章 海外会展业的经验借鉴

第一节 海外会展业的整体营销

作为世界会展活动发源地的欧洲,北美洲的美国、加拿大和亚洲的新加坡、中国香港,之所以能在世界会展业竞争中处于前列,既有会展活动历史较长、产业市场化程度高等因素影响,也有当地政府和相关协会大力支持、企业经营理念超前等因素影响。

一、政府组织会展目的地整体营销

在会展业发达的国家和地区,政府一般不直接干涉会展事务,即使投资建设场馆,也是委托专门的公司经营和管理。政府是将工作重点放在产业宏观调控、制定行业规范和支持行业发展上,其中一项重要工作便是组织国家或城市会展业的整体营销。为此,他们一般都设有会议局、展览局、会展局等专门管理会展业的机构,能够有效地集中资源和力量,牵头组织主要会展企业在全国甚至全世界范围内,大力提高整体会展产业发展条件及会展业管理水平,将本国或本城市的各种会展要素组合成一种综合优势来进行宣传和推广,以一个强有力的营销主体形象在国际会展业舞台上展开竞争。正是由于得益于高效、有力的整体营销,这些国家的会展业取得了巨大成功,并在国际上享有盛誉。

我国是亚洲发展中国家,会展业尚处于发展过程中。下文仅以我国所在的亚洲近年来会展业发展迅速的几个国家和地区为例,介绍政府组织目的地营销的成功实践。

(一) 新加坡

新加坡旅游局的展览会议署建于1974年,该机构不是管理部门,主要任务是协助、配合会展企业开展工作,向其他国家介绍新加坡举办国际会展的优越条件,促销在新加坡举办的各种会展。展览会议署不向会展企业收取任何费用。在新加坡举办会展活动没有任何管理法规,举办会展也不需要任何审批手续。展览会议署每年都会制订专门的推广计划,到世界各地介绍本国的旅游业和会展发展情况,并且在世界各地举办新加坡会展经济方面的研讨会,向与会者尤其是国际会议或国际展览的组织者宣传新加坡举办会展活动的优越条件。

1998年1月,新加坡旅游局开始实施一项为期三年的"全球会聚2000"促销计划,其主要内容是通过举办或参加展销活动、座谈会,并刊登广告、播映宣传短片,在全世界范围内大力宣传新加坡的会议及展览举办环境。这次促销活动效果显著。早在 1999 年新加坡就举办了 3 245 次会议和展览，因此在次年再度被评为亚洲第一会议城市（国际协会联盟的调查结果），名列世界第五。

（二）中国香港

中国香港特区贸易发展局也向世界各国大力宣传其政策优势、区位优势和服务优势。

在政策方面，强调本港施行自由港政策，所有产品进出口完全免税；在香港有理想的仲裁中心，参展商可以享受完善的法律服务。如果在展会上遇到商品被侵权的现象，在展会现场就可以找律师处理相关事宜；香港的税制简单，没有销售税；香港允许 161 个国家的国民免签证入境，旅行手续十分简便，等等。在区位方面，强调香港是世界贸易枢纽，在香港只需要 5 个小时航程就可能接触到全世界 40% 的人口。在服务方面，宣传香港是"动感之都"、"美食之都"、"节事之都"和"万象之都"，能为各类参会者创造完美的商旅经历。

香港贸易发展局的这些努力是与其在贸易促进方面所取得的成绩分不开的。香港贸易发展局建有一个记录近 60 万家商贸企业资料的庞大数据库，其中香港约 10 万家，中国内地企业（包括买家）约 10 万家，海外企业约 40 万家，每年大约要处理 240 万宗贸易配对业务。通过分析这些资料，香港贸易发展局在举办展会时能更有针对性地发出邀请实施促销，并提供更好的贸易咨询服务。此外，该局在全球设有 42 个办事处，包括国内 11 个，这些办事处通过跟海外商会联系，组织了大批买家团来参加香港的展会。例如，在 2002 年 10 月当时亚洲最大的电子展上，香港贸易发展局的所有海外办事处就组织了 48 个贸易团来香港参观、洽谈。

当然，香港贸易发展局所举办的各种展会，资料显示目前仍以本地参展商为主，所占比例为 60% 以上。不过本地参展商更享有优先的参展权，在收费上有优惠及在编排场馆时位置较佳。香港贸易发展局也体谅到部分中小企业在参展费用方面可能难以负担，为了鼓励更多香港中小企业通过参加展会活动走向海外市场，还将参展收费降低。

（三）日 本

日本设有会议局，总部在东京，并在纽约、伦敦和首尔设有办公室。这些办事处除了在当地开展各种营销活动外，还为即将在本国举行的会议或奖励旅游项目提供帮助。各办事处的所有人员都是市场调研和网上工作的专家，他们能为国际会议组织者提供最新信息以及其他相关服务。

日本会议局每年 6 月和 12 月出版《日本国际和国家展览会和博览会》，为会议策划人员和参展商提供全面的活动指南。此外，冲绳也设有专门的观光会议局；神户正在实施一项名为"Meet in Kobe 21st Century"的国际会议促进计划，试图通过各种优惠政策吸引更多的会议主办者和参加者。为促进会展旅游的持续、健康发展，日本还颁布了《透过促销和举办国际会议等振兴国际旅游法》。

> **案 例**

泰国政府对展会业的现行扶持政策

泰国的会展业在东南亚各国中处于领先地位。1998年亚洲金融风暴之后,泰国政府出台了一系列促进展会业发展的优惠措施,诗丽吉皇后国家会议中心(QSNCC)、蒙通他尼展览中心(IMPACT)、曼谷国际展览中心(BITEC)等一批具有国际水准的会展中心先后投入使用,标志着泰国会展业近年来的飞速发展。

泰国会议展览局(TCEB)是具体负责实施政府对会展业扶持政策的专门机构。凡是在泰国举办商业展会的国内外会展商只要符合规定条件均可获得政府资助。

政府资助的目的旨在:①吸引新的国际贸易展会在泰国举办;②增加在泰国举办展会的国际参展商和采购商人数;③提高泰国现有展会的规模和效益或者升级地方性展会为国际性展会。TCEB的支持补助方案包括非资金支持和资金补助两个方面。

一、支持补助方案实施程序

(一)提交申请和确认

主办方应至少在展会举办前6个月向泰国会议展览局提交一份支持申请表(RFS),连同以下证明文件:①展会营销计划;②展会情况说明书;③展会场地平面图;④以前举办展会的总结报告。

泰国会议展览局收到申请后,经对相关资料进行核实,将给主办方发送一份资金或者非资金的支持确认函。

(二)现场审计

为了保证申请者所提供资料的真实性,泰国会议展览局将指定一家外部监察公司在会展期间进行现场审计。主办方应提供必要的支持和配合,并在会展开始前一个月与审计公司进行沟通协调。

主办方在会展期间还要给泰国会议展览局提供一定的场地或空间以便其开展一些公共宣传活动。

(三)总结报销

会展结束后,主办方要填写一张附有相关数据的展会报告表(ER),连同总结报告一起上交给泰国会议展览局。

收到主办方提交的报告后,泰国会议展览局将对审计数据进行核实,然后通过电子邮件通知主办方可以获得的实际补贴金额,并将正式确认函送达主办方。

收到泰国会议展览局的实际补贴金额确认函后,主办方要给对方开具一张金额与确认函相同的发票,泰国会议展览局将在收到发票后的30天内支付现金给主办方。

二、非资金支持的具体内容

(一)现场考察服务

为使国际会展商了解泰国的展会环境和政府提供的服务,泰国会议展览局为没有设立分支机构且首次在泰国举办展会的国际会展商提供一项名为"现场考察"的服务。

主办方需在抵达泰国前至少两周向泰国会议展览局提交"现场考察申请表"。泰国会议展览局提供的服务包括:两张经济舱机票;两个房间三个晚上的住宿;协助安排拜访相关的政府机构和主要商协会;在泰期间的交通安排;专业翻译人员;休闲活动。

(二)信息资讯服务

泰国会议展览局可向国际会展商提供当地的市场状况、饮食文化和新闻媒介等商业信息,及提供举办展会的可行性研究分析等。

(三)市场推广服务

1. 泰国会议展览局通过国外代表机构为主办方举办展会开展对外推介活动。

2. 为主办方在泰国的宣传推广活动提供户外广告、网页链接和新闻简讯等方面的支持。

(四)协助筹备服务

1. 为参加展会的人员入境和物资通关提供便利和支持。

2. 协助主办方邀请泰国政府官员和当地知名人士参加展会开幕式或者做主题演讲。

3. 协助推荐展会场地,推荐展会服务公司,协调安排展会的现场安保。

三、资金补助的具体内容

泰国会议展览局为在泰国境内首次或者再次举办展会的公司提供资金补助。具体内容如下:

(一)对首次举办展会的补助

申请补助的展会需符合以下条件:

1. 举办的展会必须是国际性的,即国外参展商人数占参展商总数的10%以上或者外国采购商人数占采购商总数的5%以上。

2. 展会的场地面积在1000平方米以上。

3. 展会属于第一次在泰国举办。

符合条件的展会的资金补助标准则根据外国参展商和采购商人数来确定,具体如下:

首次举办展会的资金补助标准

国际参展者人数(包括国际参展商和国际采购商)	补助金额(铢)
小于100	只能申请非资金支持
100~250	20万
251~399	50万
400~599	80万
600~999	120万
1 000~1 499	150万
1 500~2 999	200万
大于3 000	200万另加展会场地租金的50%

(二)对非首次举办展会的补助

1. 申请补助的展会需符合以下条件:

(1) 举办的展会必须是国际性的，即国外参展商人数占参展商总数的 10% 以上或者国外的采购商人数占采购商总数的 5% 以上。

(2) 展会场地面积在 1000 平方米以上。

(3) 展会不属于首次在泰国举办。

2. 补助标准：

(1) 展会在以下任何一个方面取得进步则可获得 20 万泰铢的资金补助：国际采购商人数增加；采购商所属国家数量增加；国际参展商人数增加；参展商所属国家数量增加；场地面积增加 10% 以上。

(2) 比照上届展会的国际采购商和参展商人数，按每增加一人给予 3000 泰铢现金补助。

3. 特别补助：对在 2009 年 4 月到 2010 年 9 月期间非首次在泰国举办的展会可申请金融危机期间的特别支持。具体标准如下：

金融危机期间非首次举办展会的资金补助标准

国际参展者人数 （包括国际参展商和国际采购商）	补助金额 （铢）	国际参展者人数 （包括国际参展商和国际采购商）	补助金额 （铢）
200～400	20 万	1 501～2 000	150 万
401～800	50 万	2 001～5 000	200 万
801～1 200	80 万	5 001 人以上	250 万
1 201～1 500	100 万		

（三）展会的国际推广活动

主办方在下列国际性活动中发生的费用可以向泰国会议展览局报销：

1. 国际营销活动。比如，在国外举办新闻发布会或者研讨会。

2. 国际广告活动。

3. 国际公关活动。

主办方申请补助时需提供以下材料：

1. 由主办方人员签字的支付发票复印件。

2. 由主办方赞助的国外重要客户的飞机票或者登机牌原件。

3. 由主办方赞助的国外代表团的人员名单和所住酒店的食宿纪录。

4. 参加主办方组织的新闻发布会或者招待会的人员名单。

值得注意的是，泰国会议展览局的所有资金补助必须在年度预算内按照"谁先申请谁先获得"的原则进行审批，直到可供分配的预算资金使用完毕。如果当年的预算资金已经分配完毕，泰国会议展览局保留取消对申请者进行补助的权利。

（资料来源：http://www.sina.com.cn）

（四）印度

印度也设有会议局，20 世纪 90 年代中期以来，印度会议业取得了长足的发展，仅 2002 年就举办了国际行政科学学会会议、气候变化科技能力建设国际会议、第六届印度太平洋鱼类国际学术会议等一批在国际上有影响的大型会议。这些成就与印度会议局的长期努力是分不开的。长期以来，该会议局制订有非常明确的目标和使命，并致力于塑造良好的会议目的地形象。

二、成立专业性组织

在会展业发达的国家，政府主管部门或全国性的协会影响力很大，在制定行规、调节市场秩序等方面具有一定的权威性；在与政府部门和众多企业合作进行整体营销方面发挥着重要作用；并且承担着推动信息统计、发展行业研究和教育的任务，对会展业的发展起到了真正的支持和服务作用。

就协会而言，如法国的国际专业展促进会（Promo Salons）、意大利的工业展览委员会（CFI）和展览促进会（ASSOEXPO）、新加坡旅游局的展览会议署等，其中，法国国际专业展促进会的运作模式堪称典范。譬如，在法国国际专业展促进会北京代表处的网站主页上有这样一段话："一个成功的展会需要在全球招募参展商，以丰富、全面的展品吸引专业观众，同时还需要在各国动员专业观众，从而使参展企业可以向世界市场促销。建立一个长期高效的海外促销网络是每个展览公司的需求，但任何一家展览公司都很难独自负担一个全球网络，于是便诞生了多家展会联合共享的海外促销网络——法国国际专业展促进会。"

由商会和政府牵头，法国的主要展览公司共同组织了全国性的国际专业展促进会，其理事会由巴黎工商会、法国外贸中心、法国专业展联合会、法国雇主协会、巴黎市政府、法国外贸部以及展览中心和专业展览公司的代表组成。该促进会虽然只是一个民间团体，但成立 20 多年来，为促进国外参展商和专业人士来法国参展、参观起了很大的作用。

在组织机构上，法国国内的任何一家展览公司均可申请加入促进会，但对于同一个主题的展会只接纳一个加入，而且优先接纳质量最好的展会。目前，法国共有 65 个展会加入了这一促进网络，它们都是法国最知名的国际性专业展会，需要依靠促进会在世界各地做国外参展商的招募工作或国外观众参观的促进工作。为了给各会员提供优质的国际促进服务，促进会在近 50 个国家和地区建立办事处。这 50 个办事处中，除意、德、英、比等少数国家是由促进会总部投资的独资公司外，其他办事处都是财务独立的机构或公司。

在经费来源上，一部分是由巴黎工商会和展览场地公司等主要理事单位提供的年度补贴，但是仅占少部分；另一部分是由参加促进会的展览公司按所需推广的展会数目及宣传工作量而缴纳的，占促销经费的大部分。

三、充分发挥国际性组织的作用

纵观世界会展业的发展历史，德国、美国、法国、新加坡等会展经济发达国家无一不积极争取国际专业组织的支持，有些国家本身就拥有全球性的行业协会。换句话说，大到一个国家或城市，小到一家会展企业，拥有相关权威性组织的认可和支持是至关重要的，对与会者、参展商和专业观众将具有更大的吸引力。

（一）积极争取推介和支持

这里的"国际组织"可以分成两种类型：一类是专业性会展组织；另一类是各个具体行业的国际性组织。前者能为会展举办地或会展策划企业提供指导、评估、推荐等服务，后者则直接创造更多的会展机会。这里的专业性会展组织包括国际性或区域性的专业协会，国际性组织主要有国际大会与会议协会（ICCA）、国际会议中心协会（IACC）、国际协会联盟（UIA）、国际会议和事件理事学术协会（ACCEDI）、国际展览局（BIE）、国际展览及博览会协会（IAFE）、国际展览会管理联合会（IAEM）、会议管理专业协会（PCMA）、国际会议策划者协会（ISMP）等；地区性组织，例如亚洲会议与观光局协会（AACVB）等。能够得到这些权威性组织的指导和推荐，无疑会有效提高国内会展企业的美誉度，增强展会的吸引力。此外，若能得到某一个其他具体行业的协会，如世界旅游组织（WTO）等机构的认可，则展会主办单位除了能享受技术支持和行业资源优势外，还能够迅速增强展会的可信度。目前，国际大会与会议协会的规模和影响最大，该协会拥有650多个会员，分布在80多个国家。这些会员包括专业会议策划和服务公司、目的地管理公司、旅游公司、旅游院校以及会议设备供应商，构成了一个庞大的会议资源网络。此外，国际大会与会议协会在对会议进行统计和推荐时也有一套严格的标准。

国外的会展企业和各个城市的会议观光局，包括一些旅游院校，都十分重视与国际大会、会议协会、国际会议中心协会、会议管理专业协会等国际组织保持紧密的联系，并积极争取它们的支持，因为如果能得到这些组织的认可和推介，势必会增强本组织以及所办会议的权威性。

（二）积极申办国际性会展

譬如，会议业整体推广的另一个层面是积极争办国际会议。事实上，海外众多城市已经将专业会议组织或国际性行业协会视为整体营销的重要对象。早在2002年ICCA的统计结果就已经表明，平均每个国际会议的申办城市都在10个以上，竞争相当激烈。各类国际会议的承办方式及争取条件在此类国际组织的章程中皆有明确说明，因此在争办一个国际会议之前，首先要了解组织章程的规定及如何争取，这样才能事半功倍。常见的承办方式主要有以下三种。

1. 会员国轮流主办

这种国际会议的申办是最容易操作的，只要加入某个国际组织成为其正式会员就有机会主办。轮流主办的常用方式有三种：以入会先后次序为标准；按照会员国（或城市）的英文字母顺序；会员国主动提出优惠条件，经其他会员或这个组织的监理会同意即可。例如，亚洲秘书协会组织的年会就是按照入会先后次序来轮流主办的。

2. 地区性轮流主办

有些重要国际组织的会员分布在世界各国，每年需要召开年会或间隔几年召开大会。为了让所有会员国（或城市）都有机会主办，协会便指定轮流在某些地区召开。然而，在同一个地区可能有好几个会员，在这种情况下采用的一般做法是：首先，由该地区内有争办意愿的会员国（或城市）提交申请书，或仅以书面形式表示有意承办；然后，由组织的董事会或特别成立的"评估小组"来表决，获选的会员国（或城市）将主办这次国际会议。

3. 采取竞标的方式

这种方式对有意争取主办权的国家或城市来说最具挑战性，因为竞争激烈的国际会议大都是具有权威性和令全球瞩目的，并往往能带来巨大的社会或经济效益，这便对申办城市提出了严格的要求，而且竞标的过程也要花费相对较长的时间。主办单位通常会事先将举办会议的先决条件列在招标书中。一般来说，组织的知名度、会议的效益及权威性越高，会员国（或城市）之间的竞争就越激烈。

第二节　海外会展企业的营销战略

在市场容量一定的情况下，企业的营销努力水平与市场占有率是成正比的。海外的著名会展企业能在品牌塑造及市场开拓等方面实现超常规的发展，与其一贯的营销努力是分不开的。近些年，海外绝大多数知名会展企业的营销活动都呈现出了一个新的发展趋势，那就是积极开发国际市场，利用各种营销方式在全球推广自己的品牌会展和吸引海外企业与会。

一、全球化战略

会展业通常是经济发展的晴雨表，随着经济的发展而发展。近年来随着会展业品牌的发展，国际性各类与会者的数量逐步增加，会展业即使在经济衰退时也有所发展，与会者尤其是参展商希望实现长远的目标。另外，过去以现场贸易成交为主要参展目的变为以交流、沟通、树立企业品牌形象、发布产品未来发展趋势等为主要目的。为此，海外的会展业积极实施全球化战略。

首先，积极开展海外促销。海外的绝大多数知名展会（如德国汉诺威的展览公司

CeBIT Asia、意大利的 MAC、法国的 AERONAUTIQUE 等）在展会举办前，都要组团到海外招展，常用的方式有召开新闻发布会、赞助公益性活动，或者在当地媒体上刊登广告等，目的是引起海外参展商的注意。例如，德国的展会主办方在 100 多个国家设有代办处，这些机构不仅能为当地企业参展提供一系列便捷的信息咨询服务，还可以以较低的成本策划和组织一些宣传活动。

其次，实现企业的全球扩张。爱博展览集团是法国国际专业展促进会的成员，该公司每年举办 60 多个国际性展会，参展商达 17 000 家，参观者超过 150 万人。爱博集团总部设在法国，但同时在美国、英国、西班牙、意大利、比利时、荷兰、新加坡和中国等国建立了 10 个独家代理公司，并在世界上 50 多个国家设有代表处。强大的促销网络使参展商和参观者的数量和质量大幅度提高。

再次，会展企业利用国际知名的会展品牌打入某个国家或城市的会展市场，还通过合资合作等方式进行跨国扩张。在会展业发达国家，有实力的会展企业之间尽管存在激烈的竞争，但也非常注重合作，汉诺威、杜塞尔多夫和慕尼黑三家展览公司合资参与兴建上海新国际博览中心便是一个很好的例子。它们的共同目标就是为了深度介入和拓展中国的展览市场，在全球范围内引起了极大关注。一时间各个国家尤其是中国的各大新闻媒体对此事进行了积极的报道，使得无数的参展商（包括大批中小企业）都知道这三家品牌展览公司，而这些中小企业正是未来展览市场的生力军。

类似于法国国际专业展促进会的展览会促进模式很有意义，因为单个的展览公司哪怕是资本雄厚的展览集团，都没有足够的实力在世界上 50 多个国家建立属于自己的办事机构网络，然而从属于不同展览公司的 65 个展览会把营销经费集中到一起，就能组成一个有效的国际促销网络。正因为如此，法国大型展览会的国际化程度才得以不断提高。

二、持续性战略

为了树立会展的品牌，海外的会展企业会长期在世界各地开展宣传活动，对于客源潜力较大的国家或地区，往往会专门派代表前去，通过新闻发布会或客户联谊会等活动推介相关会展项目，并为感兴趣者提供详细的咨询服务。即使有些会展项目十分畅销，甚至场地、展位已经售完，他们也会继续做宣传，以不断强化品牌。

另外，海外会展企业开展营销活动的持续性也体现在对单个会展项目的推广上。首先，他们会在会展前做好充分准备，在媒体上宣传造势；其次，各种推广活动会一直贯穿会展的全过程。德国的会展组织者一般在开展半年前就开始在各种媒体上宣传造势，以尽可能在深度和广度上吸引更多的各类参会者，这种努力在接下来的会展过程中会表现得淋漓尽致。再次，每届会展的宣传推广也是连续的，以便于各类参会者早日确定参会计划。譬如，汉诺威展览公司在当届 CeBIT（电子/信息技术展）尚未结束时，便推出下一届展会的举办时间和地点。海外著名的展览公司十分注重其会后服务和展后服务，往往在会展结束后一段时期内，参展商和专业观众还能收到主办单位邮寄的有关会展统计分析资料，以方便为下次展会做好准备工作。

会展业发达的国家会展活动拥有长期的计划。每个会展的举办计划都是组织者与参展商、专业观众、各个联合会、协会密切协商后制订出来的，而且根据各行业不断变化的市场条件进行调整。

三、品牌化战略

品牌展会是指具有一定规模,能反映某种类型展会的发展动态及趋势,能对此类展会活动起指导作用并具有较大影响力的展会。享有良好市场盛誉的品牌展会无疑能给宣传促销带来许多便利。随着会展业的竞争日益加剧,几乎所有的会展企业都已认识到打造品牌展会的重要性和迫切性。在欧洲等会展业发达的国家,大多数的行业都有一个或两个占主导地位的会展品牌,如德国的科隆五金工具展览会涵盖了整个欧洲五金工具生产制造和销售行业;纽伦堡的国际玩具展则是世界玩具行业最大的盛会;在汉诺威等地区举办的欧洲机床展不仅代表了整个欧洲的机床加工工业,也代表了世界机械行业的发展。

为了在协调的环境下通过竞争赢得自己在展览业中的位置,各会展企业准确定位了自己的服务理念和个性化服务。譬如具有800多年历史的莱比锡展览公司,在德国统一以前一直举办综合性展览会。自1991年德国统一后,该公司调整了经营理念,精心培育和打造专业性贸易展览会,提出"为客户提供量体裁衣式个性化服务"的理念,其服务质量在德国各大展览公司中名列前茅。

德国展览公司在创建强有力的会展品牌时,主要遵循以下七个标准:
(1) 权威协会和代表企业的坚强支持;
(2) 努力寻求规模效应;
(3) 代表行业的发展方向;
(4) 提供专业的展览服务;
(5) 获得UFI的资格认可;
(6) 媒体合作和品牌宣传;
(7) 长期规划,不急功近利。

四、网络化战略

从1894年的德国莱比锡样品博览会开始,现代会展业已经走过了100多个春秋,所使用的营销手段早已不限于传统的报章杂志和广播电视,大量的新技术也被应用到会展营销活动中来,使得营销竞争更加五彩纷呈。其中,最耀眼的当属网络技术的发展,互联网在会展活动中被广泛运用,已成为海外诸多会展企业的主要营销手段之一,在扩大会展影响甚至改变会展格局方面起着越来越重要的作用。根据英国早在2002年对协会类会议组织者的主要市场调查结果显示,63%的协会类会议采用电子邮件作为交流形式,60%使用网络营销,42%通过网站登记。德国柏林展览公司每年举办几十项展览活动,是世界上十大营业额最高的展览公司之一。它举办的展览会与其他展览会相比,其突出特点是,在进行实物展示的同时举办网上展览(虚拟展览),参展商的资料可在柏林展览公司网站上保留一年。这在德国众多展览公司中独树一帜。德国展览界普遍认为,信息时代的网上展览会不能代替现实的展览会,但有利于促进展览业的发展。网上展览会是实物展览会的有益补充,而不会削弱实物展览会的作用。但同时,传统的宣传方式如印刷品、展览目录等的作用减小，甚至可以被替代。

会展企业在举办展会时，往往利用互联网和参展商、专业观众进行互动式交流，以期及时发现服务中的缺陷并迅速改进，同时将下一届展会的举办日期和地点放在网页上，以便参展商、专业观众在制订今后的参展计划时把本展会也考虑进去。概括而言，海外会展企业网络营销的工作重点有以下四个方面。

首先，通过互联网在世界范围内查找相关专业会展的信息及其网址，并想方设法将自身会展服务的有关内容贴到这些网站上；在主要客户所在地的门户网站上刊登广告，为会展服务宣传造势。其次，建设自己的网站，并将详细的观众招揽计划公布于众，还建立与参展商及其所在行业品牌网站、协会网址之间的链接，以互相促进网站点击率的提高。再次，努力创造会展服务的独特销售点（USP），以增强会展项目的吸引力，如会展活动期间举办高峰论坛，邀请知名人士演讲等。还有一点很重要——在网页上列出重要参会者的名单，因为对于想参展的企业和专业观众来说，他们很重视本行业内将有些什么样的厂商参加。最后，开辟网上展览业务，为参展商和专业观众的洽谈、交易提供全天候的纽带服务。

令人欣慰的是，国内已经有一批会展企业和会展项目开始注重网络营销，并在这方面进行了大胆尝试。例如，在第十届中国华东进出口商品交易会上，主办方加大了网络宣传力度，增加了在美国、荷兰以及法国、德国等欧洲国家的网站宣传量。据不完全统计，有近10万人次的参展商浏览了华交会的主页，从而有效地扩大了华交会的影响，提高了展会的对外成交额。

五、多样化战略

这里的"多元化"是指会议或展览营销手段的不断完善与创新。首先，海外会展企业的营销途径可谓多姿多彩。除了传统的广告、邮寄、电子邮件等手段外，还有在国外设立代表处或寻求代理商，为会展组织各种形式的促进活动；组织专门人员到国外招徕客户，拜访重要客户或召开新闻发布会等；就连展览会的宣传材料也尽可能发挥至最大效能。在德国，大型展览会的宣传资料，大都作成一本书或一本小册子，便于携带和查询，不仅在外观设计上进行了改进，而且内容越来越丰富，包括历届展览会的回顾、参展程序及费用、配套服务项目等。

多元化营销战略的实施与经营业务的多元化往往是相辅相成的，因为"规模出效益"早已成为会展企业的共识。除通过收购与兼并实行展览项目的集中和集团化经营外，海外大型会展企业一般还拥有报纸、杂志、网站、电视台等媒体，以便综合运用各种手段和渠道，在全球范围内宣传、推销它们的展览会。而且，是否有专业媒体的参与和支持还成为展览会能否被称为世界顶级专业展览会的标准和重要构成要素之一。譬如，世界著名的贸易展览公司 Miller Freeman 和 Reed 集团都经营着世界上著名的商业出版社，各自拥有数百种展览方面的专业刊物和专业杂志，还有快速成长的商业网站，这种自身拥有的宣传手段使其具有强劲的竞争优势。

此外，海外会展企业在营销方面还有两个特点：首先，积极利用同类展览会开展推广活动，即通过在相关主题的展会上设立摊位，以参展商的身份为自己的展览会进行宣传和招徕。其次，主要为会议或展览提供营销推广服务的公司在产品上也进行了颇有创意的革新。例如，在美国波士顿有一家专门为会议公司提供促销服务的传媒 Medallion Taxi Media，该公司的经营理念是"方寸之间，财富凸显"（In niches, there are riches）。由于出租车广告能使广告主在特定的时间内，以最有效的方式和最快捷的速度把信息传达给目标客户，Medallion Taxi Media 公司很快在会议营销方面树立起鲜明的市场形象，并受到了众多会议广告主的青睐。

参考文献

1. ［美］桑德拉·L·莫罗. 会展艺术［M］. 武邦涛等译. 上海：远东出版社，2005.
2. 华谦生. 会展策划与营销［M］. 广州：广东经济出版社，2005.
3. 华谦生. 会展营销［M］. 广州：广州出版社，2010.
4. 周爱国. 会展营销［M］. 北京：电子工业出版社，2007.
5. 孙明贵. 会展经济学［M］. 北京：机械工业出版社，2006.
6. 刘大可. 会展营销教程［M］. 北京：高等教育出版社，2009.
7. 刘大可. 会展经济学［M］. 北京：中国商务出版社，2004.
8. 刘大可，王起静. 会展活动概论［M］. 北京：清华大学出版社，2004.
9. 刘大可. 中国会展业：理论、现状与政策［M］. 北京：中国商务出版社，2004.
10. 刘大可. 会展经济理论与实务［M］. 北京：首都经济贸易大学出版社，2006.
11. 杨顺勇. 中国会展：创新与发展［M］. 北京：化学工业出版社，2008.
12. 杨顺勇，丁萍萍. 会展营销［M］. 北京：化学工业出版社，2009.
13. 雷鹏，杨顺勇，王晶. 会展案例与分析［M］. 北京：化学工业出版社，2009.
14. 胡平. 会展营销［M］. 上海：复旦大学出版社，2005.
15. 樊国敬. 会展旅游［M］. 武汉：华中科技大学出版社，2011.
16. 庞华. 会展运营与服务管理［M］. 天津：南开大学出版社，2010.
17. 毛金凤，韩福文. 会展营销［M］. 北京：机械工业出版社，2006.
18. 周彬，邱艳庭. 会展概论［M］. 上海：立信会计出版社，2004.
19. 符蕾，崔建生. 会展营销［M］. 北京：化学工业出版社，2010.
20. 郭奉元. 会展营销实务［M］. 北京：对外经济贸易大学出版社，2007.
21. 王书翠. 会展业概览［M］. 上海：立信会计出版社，2004.
22. 刘勇，蒋兆峰. 会展服务与管理［M］. 北京：化学工业出版社，2008.
23. 王春雷，陈震. 展览会策划与管理［M］. 北京：中国旅游出版社，2006.
24. 王春雷. 会展市场营销［M］. 上海：上海人民出版社，2004.
25. 王春雷. 中国会展业的选择与明天［M］. 北京：中国旅游出版社，2007.
26. ［美］巴利·西斯坎德. 会展营销全攻略：循序渐进揭开成功会展的秘决［M］. 郑睿译. 上海：上海交通大学出版社，2005.
27. 刘松萍，李晓莉. 会展营销与策划［M］. 北京：首都经济贸易大学出版社，2006.
28. 刘松萍，李佳莎. 会展营销［M］. 成都：电子科技大学出版社，2003.
29. 刘松萍，梁文. 会展市场营销［M］. 北京：中国商业出版社，2004.
30. 陈志平，刘松萍. 会展经济学［M］. 北京：经济科学出版社，2004.

31. 陈志平，刘松萍，余国扬．会展经济学［M］．北京：经济科学出版社，2005．
32. 袁亚忠．会展企业管理［M］．广州：中山大学出版社，2010．
33. 马勇，马克斌．会展典型案例精析［M］．重庆：重庆大学出版社，2007．
34. 马勇，王春雷．会展管理的理论、方法与案例［M］．北京：高等教育出版社．2003．
35. 镇剑虹，吴信菊．会展策划与实务［M］．上海：上海交通大学出版社，2005．
36. 金辉．会展营销与服务［M］．上海：上海交通大学出版社，2004．
37. 文魁．北京会展业发展研究［M］．北京：首都经济贸易大学出版社，2006．
38. 王起静．会展项目管理［M］．北京：中国商务出版社，2004．
39. 张健康．会展概论［M］．北京：高等教育出版社，2004．
40. 向国敏．会展实务［M］．上海：上海财经大学出版社，2005．
41. 许传宏．会展策划［M］．上海：复旦大学出版社，2005．
42. 中国国际贸易促进委员会．中国会展经济发展报告（2005）［M］．北京：中国经济出版社，2006．
43. 郑继兴，金振声．市场营销理论与实践教程［M］．北京：清华大学出版社，2008．
44. 李健．国际市场营销［M］．大连：东北财经大学出版社，2011．
45. 杨凤荣．市场调研实务操作［M］．北京：清华大学出版社，北京交通大学出版社，2008．
46. 周三多．管理学——原理与方法．上海：复旦大学出版社，2005．
47. 许晖，郭净．服务营销［M］．北京：科学出版社，2011．
48. 唐文菊．国际市场营销［M］．北京：清华大学出版社，2010．
49. ［美］克里斯托弗·洛夫洛克，约亨·沃茨．服务营销（英文版）［M］．第 6 版．北京：中国人民大学出版社，2010．
50. 夏俊．直复营销理论与实践［M］．北京：人民邮电出版社，2008．
51. 苗月新．市场营销学：理论与实务［M］．北京：清华大学出版社，2008．
52. 陈启杰．现代国际市场营销学［M］．上海：上海财经大学出版社，2008．

后 记

会展业是全球公认的"朝阳产业",甚至被誉为与旅游业、房地产业、媒体广告业、信息业并驾齐驱的五大"无烟产业"。会展经济以其超常的关联影响和拉动作用,被誉为国民经济的"晴雨表"、"市场的风向标"、"城市的面包"和"助推器"。作为一种新的经济现象和国民经济发展新的增长点,会展经济备受全球的重视。当前,全球每年举办的大型会展活动15万个,其中规模较大的国际会议7万个。2009年,全球会展的直接经济效益达3850亿美元。在我国,近些年来伴随着2008北京奥运会、2010上海世博会等大型国际会展活动的举办,会展业也正在成为促进我国经济发展的极具生命力的朝阳产业,发展潜力巨大。

会展营销在业内也已经不是一个新事务,它是指会展企业为了吸引更多的目标客户,提高会展品牌的价值和影响力,通过会展服务、形象设计、定价、渠道、促销、宣传等手段所采取的一系列市场推广活动。作为其结果,各大参展商纷纷对产品展销投入更大的人力、物力和财力。譬如,作为全球软件行业龙头老大的微软公司,平均每年要参与5000场形式各异的展会,平均每天要参与14场之多。在微软参与的5000场展会中,60%是国际知名展会,30%是一般性展会,10%是小型私人展会。可以说,这是会展经济本身的特点所致,也是会展营销对参展商们的巨大影响力所致。

为培养适应企业需要的高素质、高技能会展人才,本着"就业为导向,能力为本位"的职业教育宗旨,以"通俗、易懂、够用、实用"为编写指导思想,在吸收其他会展营销教材优秀内容的基础上,本教材对会展营销的结构、体例和内容进行了全方位改革和创新,使之更有利于学生会展营销技能的培养。

与国内已经出版的同类教材相比,本教材有如下三个特点:

第一,内容和体系具有创新性。本教材中的很多营销理念、策略和方法都来源于会展业营销实践,并已经在实践中被证明是行之有效的。在体系上也不再把会议和展览分开来,更没有分别讲述会议中心和展览中心,而是将其在会展的大框架内融为一体。当然,鉴于实际的会展活动中各种展览的举办次数远多于会议的举办次数,所以在本教材内容的安排方面,关于展览的内容也远多于关于会议的内容。

第二,使用语言具有通俗性。为了达到"通俗易懂、易教易学"的写作要求,本教材使用的语言尽可能日常化、口语化,避免了理论性过强、叙述文绉绉等,力求使学生能够通过最轻松的方式获取本教材中的知识。

第三,引用案例具有实用性。"空谈说教,简单嫁接"的确是当前国内会展营销教材普遍存在的通病,本教材引用了大量会展营销案例,真切而实际,能够调动学生学习的积极性和主动性,提高他们的实际操作能力。

后 记

　　任何知识的积累和传播都是建筑在前人工作基础上的，本教材的编著也不可避免地参考、借鉴，甚至引用了一些专家、学者的相关著述，并已在参考文献中一一列出。当然，作为一个新兴学科的教材，由于作者水平有限，书中疏漏和不足之处在所难免，在此，作者以最大的诚意接受来自各方面的批评和建议，力争通过不断的修订，将本教材做成精品。

　　本教材可以作为各高等院校会展专业、旅游专业、市场营销专业及其他相关专业的主要教材使用，也可以作为参考用书或岗位培训用书使用，而且，还适合我国广大会展业从业人员、主管会展业的各级政府官员和行业协（商）会人士以及会展业内的理论研究者使用。

编　者

2011 年 9 月